AF226977

RÉSUMÉ DE LA LÉGISLATION

RELATIVE

A L'IMPRIMERIE, A LA LIBRAIRIE

ET A LA

PROPRIÉTÉ LITTÉRAIRE ET ARTISTIQUE

PAR

M. PAUL DELALAIN

ANCIEN SECRÉTAIRE DE LA CHAMBRE DES IMPRIMEURS

PRÉSIDENT DU CERCLE DE LA LIBRAIRIE

PRÉSIDENT DU SYNDICAT POUR LA PROTECTION DE LA PROPRIÉTÉ

LITTÉRAIRE ET ARTISTIQUE

EXTRAIT

DE L'ANNUAIRE DE LA LIBRAIRIE

ÉDITION DE 1888

IMPRIMERIE, LIBRAIRIE

PROPRIÉTÉ LITTÉRAIRE ET ARTISTIQUE

RÉSUMÉ DE LÉGISLATION

RÉSUMÉ DE LA LÉGISLATION

RELATIVE

A L'IMPRIMERIE, A LA LIBRAIRIE

ET A LA

PROPRIÉTÉ LITTÉRAIRE ET ARTISTIQUE

PAR

M. PAUL DELALAIN

ANCIEN SECRÉTAIRE DE LA CHAMBRE DES IMPRIMEURS

PRÉSIDENT DU CERCLE DE LA LIBRAIRIE

PRÉSIDENT DU SYNDICAT POUR LA PROTECTION DE LA PROPRIÉTÉ

LITTÉRAIRE ET ARTISTIQUE

EXTRAIT

DE L'ANNUAIRE DE LA LIBRAIRIE

ÉDITION DE 1888

RÉSUMÉ DE LA LÉGISLATION

RELATIVE

A L'IMPRIMERIE ET A LA LIBRAIRIE

« L'Imprimerie et la Librairie sont libres », dit l'article premier de la la loi du 29 juillet 1881. Il est donc loisible aujourd'hui à toute personne d'exercer la profession d'imprimeur, soit typographe, soit lithographe ou taille-doucier, et de libraire, sans être astreint à l'accomplissement d'aucune formalité administrative [1].

C'est ce qu'explique nettement la circulaire du Garde des Sceaux, en date du 9 novembre 1881, qui s'exprime ainsi : « Le décret du 10 septembre 1870 du Gouvernement de la Défense nationale avait déjà proclamé le principe de la liberté des professions d'imprimeur et de libraire; il les avait ainsi définitivement affranchies de la tutelle administrative qui était délivrée sous la forme de brevet. Il avait seulement exigé des personnes qui voulaient exercer ces professions une *déclaration au ministère de l'intérieur*. La loi nouvelle *supprime cette formalité*. »

Toutefois, les personnes qui exercent la profession d'imprimeur (et ici il faut comprendre sous ce nom général les divers genres d'impression : typographie, lithographie, taille-douce, impressions photographiques), restent soumises, aux termes de l'article 2 de la loi du 29 juillet 1881, à l'obligation d'*indiquer, sur tout imprimé rendu public, leur nom et leur domicile*, à peine d'une amende de 5 francs à 15 francs; et si, dans les douze mois précédents, l'imprimeur a été déjà condamné pour une contravention de même nature, la peine de l'emprisonnement peut être prononcée contre lui. Cette prescription doit d'ailleurs être observée avec la plus grande exactitude. « La fausseté de la déclaration, dit la circulaire du 9 novembre 1881, équivaudrait à la simple omission et serait punie comme telle. »

Sont seuls exceptés de cette formalité les *ouvrages dits de ville ou bilboquets* [2].

---

1. Il en est de même des fondeurs en caractères, des fabricants de machines ou d'ustensiles d'imprimerie, des clicheurs, et en général de toutes les professions qui se rattachent à l'imprimerie et à la librairie, sauf l'exception édictée par la loi du 29 juillet 1881 (art. 18) pour le colportage.

2. Cette exception était déjà admise, à titre de tolérance, sous l'ancienne législation. Une circulaire ministérielle du 16 juin 1830 désignait sous le nom d'*ouvrages de ville* ou *bilboquets* « ceux qui, imprimés pour le compte de l'Administration, ou destinés à des usages privés, ne sont pas susceptibles d'être répandus dans le commerce. » Cette catégorie comprend donc, d'après cette définition et la jurisprudence : les têtes de lettres, les cartes d'adresse, de visite, d'invitation, les lettres de faire part, les factures, les impressions purement relatives à des convenances de famille et de société ou à des intérêts privés. Il appartient du reste aux tribunaux de décider si l'imprimé, pour lequel la contravention a été relevée, peut être rangé parmi les bilboquets. Aussi, la plupart du temps, l'imprimeur ne doit-il pas hésiter à indiquer ses nom et domicile sur des imprimés de ce genre : il évite ainsi toute crainte de

La loi a imposé à l'imprimeur une seconde obligation, celle du *dépôt;* c'est lui qu'elle rend responsable, au point de vue administratif, de l'omission de cette formalité, qui intéresse si vivement les auteurs et les éditeurs pour la constatation des droits de propriété littéraire [1]. Conformément à l'article 3 de la loi du 29 juillet 1881, l'imprimeur, au moment de la publication de tout imprimé [2], doit en faire, sous peine d'une amende de 16 à 300 francs, un dépôt de *deux exemplaires* destinés aux collections nationales.

Ce dépôt est fait: à Paris, au ministère de l'intérieur; dans les chefs-lieux de département, à la préfecture; dans les chefs-lieux d'arrondissement, à la sous-préfecture ; dans les autres localités, à la mairie [3].

L'acte de dépôt [4] doit mentionner le *titre de l'imprimé* et le *chiffre du tirage* [5]. Récépissé en est délivré [6].

contravention et trouve dans cette mention l'avantage d'une publicité, qui peut être utile.

1. Désigné par la loi pour l'accomplissement de la formalité du dépôt, l'imprimeur doit y veiller avec la plus sérieuse attention. C'est à lui, dans les cas où il n'imprime pas une œuvre pour son propre compte, à s'entendre avec son client, éditeur ou auteur, pour retenir les exemplaires nécessaires au dépôt, lorsqu'il s'est chargé de livrer l'ouvrage tout broché, ou bien à réclamer régulièrement, par lettre copiée, la remise des exemplaires d'une publication qu'il n'aura tirée qu'en partie, et que l'éditeur ou l'auteur aura fait compléter chez un brocheur particulier.

2. Il faut remarquer que c'est plutôt de l'éditeur ou de l'auteur que dépend la fixation du moment de la publication.

3. Le dépôt de deux exemplaires de tout imprimé, prescrit par l'art. 3 de la loi de 1881, peut être fait à la sous-préfecture, en dehors des heures d'ouverture des bureaux ; la loi exige seulement le dépôt au moment de la publication.

Le refus de dépôt n'a pas besoin d'être constaté par huissier ; il peut être établi par témoins ; aucun texte ne soumet cette mise en demeure à une formalisation par huissier ; le récépissé, énoncé par la loi de 1881, n'est qu'un mode de preuve qui n'en exclut aucun autre. (Voir Arrêt de la Cour de Poitiers, 23 février 1886. *Chronique du Journal de la Librairie,* année 1886, n° 20.)

4. Voici la formule, aujourd'hui très simple, de l'acte de dépôt:

IMPRIMERIE DE
      à (*Localité et domicile*). . . .
          DÉPÔT LÉGAL

En exécution du paragraphe 3 de l'article 3 de la loi du 29 juillet 1881, je déclare déposer :
    Titre de l'ouvrage :
    Chiffre du tirage :
       A   le   .   188
                (*Signature.*)

L'indication du prix de l'ouvrage n'est plus exigée ; c'est cependant un renseignement utile, qu'il est bon de continuer à fournir, en l'inscrivant, sinon sur la formule de dépôt, du moins sur le volume lui-même ; il sera reproduit par la *Bibliographie de la France.*

5. L'absence d'indication du chiffre du tirage rend passible d'une amende.

6. Le certificat de dépôt est d'une très grande importance pour la constatation des droits de propriété littéraire. Sans doute l'omission de la formalité du dépôt n'entraîne pas la déchéance du droit de propriété ; mais, dans la poursuite des contrefaçons, la production du certificat de dépôt est une preuve indispensable.

D'autre part, les déclarations, qui, encore aux termes de certaines conventions internationales, doivent être faites dans les pays étrangers pour la garantie des droits de traduction et de reproduction, exigent sur leurs formules la mention de la *date du dépôt* en France et du *numéro d'enregistrement.*

Le Cercle de la Librairie a ouvert un bureau spécial des déclarations, auquel il serait utile que MM les imprimeurs voulussent bien envoyer la liste des labeurs qu'ils ont déposés ; des feuilles imprimées leur seront remises à cet effet ; l'envoi régulier de ces bordereaux, remplis par eux, permettrait de contrôler et de compléter les renseignements fournis par les éditeurs et auteurs, afin d'éviter autant que possible toute erreur

Sont seuls exceptés de la formalité du dépôt, parce que ces imprimés ne sont pas conservés dans les collections publiques, les bulletins de vote, les circulaires commerciales ou industrielles, les ouvrages dits de ville ou bilboquets ; mais les bulletins de vote et les circulaires commerciales [1] et industrielles n'en restent pas moins soumis, comme tous les autres imprimés, à l'obligation de l'indication du nom et du domicile de l'imprimeur.

« Le dépôt doit être fait au moment de la publication ; il peut donc être concomitant ; mais il faut qu'il soit opéré à l'instant même où le premier exemplaire est rendu public [2]. » *(Circ. du 9 novembre 1881).*

Les deux formalités prescrites par la loi (1° indication du nom et du domicile de l'imprimeur ; 2° dépôt) sont applicables à tous les genres d'imprimés ou de reproductions, destinés à être publiés. *(Loi du 29 juillet 1881, art. 4.)* Toutefois, le dépôt est de *trois exemplaires* pour les estampes, la musique, et, en général, pour les reproductions autres que les imprimés proprement dits [3].

C'est le *tribunal de simple police* qui connaît de la *contravention pour omission du nom et du domicile de l'imprimeur.*

C'est aux *tribunaux correctionnels* que sont déférées les infractions pour *omission du dépôt des imprimés* [4].

PAUL DELALAIN.

Nous nous sommes un peu étendu sur les obligations spéciales à l'imprimerie, qui a été seule l'objet d'une réglementation particulière. Comme, en outre, les imprimeurs ou les libraires peuvent être soumis, dans l'exercice de leur profession, à l'observation des règles relatives à la presse, à la gérance des journaux, dont souvent ils sont les propriétaires, à l'affichage, au colportage et à la vente sur la voie publique, etc., nous

on tout retard, et au besoin de rappeler aux intéressés le sérieux avantage qu'ils trouveraient à faire accomplir régulièrement, et dans le délai prescrit, les formalités de déclaration.

1. Par ces mots : *circulaire commerciale,* il faut entendre un avis distribué à plusieurs personnes à la fois, mais *distribué gratuitement.* (Jugement du tribunal correctionnel de Paris, 11e chambre, audiences des 10 et 17 avril 1883 : *Chronique du journal de la Librairie,* année 1883, n° 16.)

2. Lorsqu'un même texte est publié sous deux formes différentes, on ne peut, sous prétexte qu'il s'agit d'un même document, soutenir qu'un seul dépôt doit avoir lieu pour les deux imprimés : en effet, il résulte des termes de l'art. 3 de la loi du 29 juillet 1881 qu'un dépôt spécial doit être fait pour chaque imprimé qui revêt une forme typographique particulière, alors que le même texte, par exemple, aurait été composé dans des affiches différentes. (*Voir* Jugement du tribunal correctionnel de Paris, 1re chambre, audience du 31 janvier 1883 : *Chronique du Journal de la Librairie,* année 1883, n° 6. — *Voir aussi* Jugement du même tribunal et de la même chambre, audiences des 10 et 17 avril 1883 : *Chronique du Journal de la Librairie,* année 1883, n° 16.)

3. Ces mots désignent les autographies, lithographies, chromolithographies, gravures en taille-douce, photographies, photogravures, héliogravures, etc. Mais pour que le dépôt des dessins, estampes, etc., soit fait en triple exemplaire, il faut qu'ils soient publiés séparément ou constituent le volume même, comme dans un atlas ou un album. Toute publication, *faite sous la forme du livre,* ne donne lieu, malgré l'intercalation de cartes et vignettes dans le texte ou de gravures hors texte, qu'à un dépôt de deux exemplaires : et il n'est plus nécessaire que l'imprimeur ajoute, comme autrefois, la mention *certifié conforme* sur la couverture de l'un d'eux. La même mention est devenue inutile sur l'un des trois exemplaires des estampes, cartes séparées, atlas, etc.

4. L'action publique se prescrit après trois mois révolus, à compter du jour où les contraventions ont été commises, ou du jour du dernier acte de poursuite s'il en a été fait. (Voir art. 65 de la *loi du 29 juillet 1881,* page 32.)

reproduisons ci-après, divisées par paragraphes, les autres parties du texte de la loi sur la presse du 29 juillet 1881 qui les intéressent, en les accompagnant du commentaire officiel de la circulaire du 9 novembre 1881, adressée par M. le Garde des Sceaux aux procureurs généraux et aux procureurs de la République, et en indiquant en note les modifications apportées aux dispositions de cette loi depuis sa promulgation, ainsi que les interprétations acquises de la jurisprudence. — P. D.

LOI SUR LA PRESSE

(29 JUILLET 1881)

CIRCULAIRE EXPLICATIVE DU 9 NOVEMBRE 1881.

Se reporter à l'édition de l'*Annuaire*, publiée en 1882, pour chercher et consulter le texte des diverses lois antérieures auxquelles renvoient la présente loi et la circulaire interprétative.

I. DE LA PRESSE PÉRIODIQUE. — DROIT DE PUBLICATION. — GÉRANCE, DÉCLARATION ET DÉPÔT AU PARQUET.

1° *Loi du 29 juillet 1881, chap.* II, § 1er.

ART. 5. Tout journal ou écrit périodique peut être publié, sans autorisation préalable et sans dépôt de cautionnement, après la déclaration prescrite par l'article 7.

ART. 6. Tout journal ou écrit périodique aura un gérant.

Le gérant devra être Français, majeur, avoir la jouissance de ses droits civils, et n'être privé de ses droits civiques par aucune condamnation judiciaire [1].

ART. 7. Avant la publication de tout journal ou écrit périodique, il sera fait, au parquet du procureur de la République, une déclaration [2] contenant :

1° Le titre du journal ou écrit périodique et son mode de publication;

2° Le nom et la demeure du gérant;

3° L'indication de l'imprimerie où il doit être imprimé [3].

---

[1]. Un arrêt, rendu le 22 mai 1887 en audience solennelle par les chambres réunies de a Cour de cassation, décide qu'un *failli* non réhabilité ne peut être gérant d'un journal. (Voir *Chronique du Journal de la Librairie*, année 1887, no 31.)

[2]. Voici le modèle de la déclaration à adresser à M. le procureur de la République avant la publication de tout journal ou écrit périodique :

« En exécution de l'article 7 de la loi du 29 juillet 1881, je soussigné (*nom, prénoms, date et lieu de naissance, profession, domicile*), déclare avoir l'intention de publier, comme gérant, un journal ayant pour titre (*titre et sous-titre du journal*), lequel paraîtra (*la périodicité*) et sera imprimé chez M. (*nom et adresse de l'imprimeur*).

« Fait à   , le   18
« *Signature.* »

Cette déclaration doit être écrite sur papier timbré.

[3]. L'art. 7 de la loi du 29 juillet 1881 prescrit d'indiquer, à la fin de chaque numéro du journal, non seulement l'adresse de l'imprimerie où s'imprime le journal, mais encore le nom de l'imprimeur ; ces deux indications au bas de chaque numéro du journal publié sont impérativement ordonnées sous peine de contravention pour l'omission de l'une quelconque de ces deux mentions.

Conséquemment la suppression du nom de l'imprimeur sur le journal publié constitue

Toute mutation dans les conditions ci-dessus énumérées sera déclarée dans les cinq jours qui suivront.

Art. 8. Les déclarations seront faites par écrit, sur papier timbré, et signées des gérants. Il sera donné récépissé.

Art. 9. En cas de contravention aux dispositions prescrites par les articles 6, 7, 8, le propriétaire, le gérant ou, à défaut, l'*imprimeur* seront punis d'une amende de 50 à 500 francs.

Le journal ou écrit périodique ne pourra continuer sa publication qu'après avoir rempli les formalités ci-dessus prescrites, à peine, si la publication irrégulière continue, d'une amende de 100 francs, prononcée solidairement contre les mêmes personnes, pour chaque numéro publié à partir du jour de la prononciation du jugement de condamnation, si ce jugement est contradictoire, et du troisième jour qui suivra sa notification, s'il a été rendu par défaut; et ce, nonobstant opposition ou appel, si l'exécution provisoire est ordonnée.

Le condamné, même par défaut, peut interjeter appel. Il sera statué par la Cour dans le délai de trois jours.

Art. 10. Au moment de la publication de chaque feuille ou livraison du journal ou écrit périodique, il sera remis au parquet du procureur de la République, ou à la mairie, dans les villes où il n'y a pas de Tribunal de première instance, deux exemplaires signés du gérant[1].

Pareil dépôt sera fait au ministère de l'intérieur, pour Paris et le département de la Seine, et, pour les autres départements, à la préfecture, à la sous-préfecture, ou à la mairie, dans les villes qui ne sont ni chefs-lieux de département, ni chefs-lieux d'arrondissement.

Chacun de ces dépôts sera effectué sous peine de 50 francs d'amende contre le gérant.

Art. 11. Le nom du gérant sera imprimé au bas de tous les exemplaires, à peine, *contre l'imprimeur*, de 16 francs à 100 francs d'amende par chaque numéro publié en contravention de la présente disposition.

2° Circulaire du 9 novembre 1881.

« La presse périodique a été placée pendant longtemps sous les régimes discrétionnaires de la censure ou de l'autorisation préalable. Supprimée en 1819, après la censure, l'autorisation préalable avait été rétablie en 1852, avec cet ensemble de mesures préventives et répressives qui avaient remis entièrement la presse entre les mains de l'administration. Elle a subsisté jusqu'en 1868. Depuis cette époque, la presse est revenue au régime de 1819 à 1852, qui écartait les mesures purement préventives en ne maintenant que le cautionnement, la déclaration préalable et la gérance. La loi nou-

le gérant en contravention ; l'indication de l'adresse seule de l'imprimerie est insuffisante. (Bulletin de la Cour de cassation, 3 janvier 1881 ; voir *Gazette des Tribunaux*, 4 *janvier* 1881.)

De plus les tribunaux ont le droit de rechercher si, dans un ouvrage incriminé, l'imprimeur est bien celui indiqué dans ledit ouvrage ou si l'imprimeur véritable a donné une fausse indication pour échapper à la responsabilité qui lui incombe. (Voir *La Loi*, 28 *août* 1884.)

1. D'un arrêt rendu le 16 août 1881 par la Cour de cassation, chambre criminelle, il résulte que la loi sur la presse du 29 juillet 1881 n'a pas interdit à un journal d'avoir plusieurs cogérants ; mais celui-là seul qui a signé un numéro du journal est responsable des délits que contient ce numéro. (Voir *Gazette des Tribunaux*, 31 *août* 1884.)

elle achève son émancipation en supprimant le cautionnement; il présentait une utilité incontestable pour la garantie des condamnations judiciaires; mais il constituait aussi une entrave pour la propagation de la presse, et c'est ce caractère qui en a motivé la suppression.

« Les seules obligations qui soient imposées à la *presse périodique* sont celles de la *gérance*, de la *déclaration préalable* et du *dépôt*.

« L'article 6 organise la gérance. Le gérant doit être Français, majeur, avoir la jouissance de ses droits civils et n'être privé de ses droits civiques par aucune condamnation judiciaire[1]. La législation antérieure exigeait du gérant les conditions imposées par l'article 39 du Code civil aux témoins des testaments, qui doivent être du sexe masculin. Ces conditions n'ont pas été reproduites ; les femmes donc peuvent exercer la gérance. Le rapporteur de la loi au Sénat en a fait la remarque expresse. Le doute pouvait provenir de ce que les femmes n'ont pas la jouissance des principaux droits civiques ; mais cette circonstance ne les exclut pas de la gérance ; on devra seulement exiger d'elles qu'elles n'aient subi aucune des condamnations qui font perdre les droits civiques aux Français mâles et majeurs. C'est ce que la Cour de cassation avait déjà décidé pour le colportage, par interprétation d'une disposition analogue de la loi du 9 mars 1878.

« La déclaration des journaux ou écrits périodiques, qui était reçue jusqu'ici par l'autorité administrative, est faite désormais, aux termes de l'article 7, au parquet du procureur de la République. Elle doit précéder la publication; elle contient le titre du journal ou de l'écrit et son mode de publication, le nom et la demeure du gérant et l'indication de l'imprimeur ; elle est rédigée sur timbre et signée par le gérant. Les mutations doivent être déclarées de même, dans les cinq jours.

« Le parquet donne un récépissé de la déclaration. Il ne peut pas le refuser, alors même que cette déclaration lui paraîtrait irrégulière et inexacte; mais il doit contrôler ensuite et avec soin les énonciations qu'elle contient ; leur fausseté constituerait une contravention, aussi bien que l'omission de la déclaration.

« Si l'autorité administrative ne reçoit plus elle-même les déclarations, elle n'en est pas moins intéressée à les connaître, quand ce ne serait que pour assurer l'exécution de l'article 10, qui prescrit le dépôt de deux exemplaires entre ses mains. La loi ne contient aucune prescription à cet égard, mais il vous appartient d'y suppléer. Vos substituts devront porter à la connaissance de MM. les préfets ou sous-préfets les déclarations ou les mutations. Dans les villes où ces actes seraient trop nombreux pour que des copies en puissent être transmises régulièrement sans surcharger, outre mesure, le service des parquets, vos substituts se concerteront avec l'autorité administrative pour qu'elle puisse en prendre elle-même communication sur place.

« Les *personnes responsables des infractions* résultant du défaut de gérance et de déclaration sont le *propriétaire*, le *gérant* et, à leur défaut, l'*imprimeur*. Si la publication irrégulière continue après une première condamnation, ces trois personnes deviennent solidairement responsables.

« Le dépôt des journaux ou écrits périodiques est double; il est à la fois judiciaire et administratif. Le premier est fait au parquet ou à la mairie dans les villes où il n'y a pas de tribunal. Le second est fait au ministère de l'intérieur, à Paris ; et, dans les départements, à la préfecture, à la sous-préfecture ou à la mairie. Ils comprennent, l'un et l'autre, deux exemplaires signés du gérant. Dans les villes où il n'y a ni tribunal, ni sous-préfecture, la mairie, centralisant les deux dépôts, devra donc recevoir quatre exemplaires ; ces exemplaires, reçus par l'autorité municipale pour le compte de l'administration et des parquets, seront transmis par elle à leurs destinations respectives. Ces dépôts, comme celui des imprimés, doivent être faits, au plus tard, au moment de la publication.

« Les deux dépôts dont il s'agit sont indépendants de celui du journal, en tant qu'imprimé, prescrit par l'art. 3, qui doit être cumulé avec eux. Ces dépôts ne sont pas imposés aux mêmes personnes; et ils n'ont pas le même but. Le dépôt prévu à l'art. 3 est imposé aux imprimeurs pour les imprimés quelconques qui sortent de leurs presses pour être rendus publics, sans aucune exception autre que celle des ouvrages

---

1. Voir la note 1, page 8.

de ville ou bilboquets. Les journaux y demeurent donc assujettis. Ce dépôt a un but spécial bien défini par l'article même : il est destiné à enrichir nos collections nationales de tous les imprimés nouveaux qui méritent d'être conservés [1]. Le dépôt administratif, prévu par l'art. 10, est mis, comme le dépôt judiciaire, non plus à la charge de l'imprimeur, mais à celle du gérant. Il a pour but de tenir l'administration au courant de la presse périodique, dont elle ne peut se désintéresser ; il est fait pour son usage et non en vue de la destination spéciale prévue par l'art. 3. Or, il importe au plus haut degré que cette destination soit remplie en ce qui concerne la presse périodique et que la collection complète des journaux puisse être conservée dans nos dépôts publics.

« Une quatrième et dernière formalité est imposée à *l'imprimeur* par l'art. 11 : il doit *imprimer le nom du gérant du journal* au bas de tous les exemplaires. »

II. RECTIFICATIONS.

1° *Loi du 29 juillet 1881, chap. II, § 2.*

ART. 12. Le gérant est tenu d'insérer gratuitement, en tête du plus prochain numéro ou écrit périodique, toutes les rectifications qui lui seront adressées par un dépositaire de l'autorité publique, au sujet des actes de sa fonction, qui auront été inexactement rapportés par ledit journal ou écrit périodique.

Toutefois, ces rectifications ne dépasseront pas le double de l'article auquel elles répondront.

En cas de contravention, le gérant sera puni d'une amende de 100 francs à 1,000 francs.

ART. 13. Le gérant sera tenu d'insérer dans les trois jours de leur réception ou dans le plus prochain numéro, s'il n'en était pas publié avant l'expiration des trois jours, les réponses de toute personne nommée ou désignée dans le journal ou écrit périodique, sous peine d'une

---

1. Une circulaire du ministre de l'intérieur a réduit à *quinze jours* le délai de *trois mois*, autrefois accordé au préfet, pour la transmission au ministère des dépôts des écrits périodiques et autres. Elle est ainsi conçue :

« Monsieur le Préfet, le délai de trois mois, adopté jusqu'à présent pour la transmission des écrits périodiques à mon ministère, offre certains inconvénients préjudiciables à nos collections nationales.

« J'appellerai notamment votre attention sur les lacunes fréquentes qui existent dans ces collections, malgré tout le soin que vous mettez à faire effectuer le dépôt. Or, ces lacunes sont d'autant plus difficiles à combler qu'il s'est écoulé un temps plus long entre le moment où le tirage des écrits périodiques a eu lieu et celui où je puis vous réclamer les exemplaires qui font défaut dans vos envois.

« Je vous prie, en conséquence, de me faire parvenir désormais tous les quinze jours ces écrits, avec les états qui doivent les accompagner et de tenir la main à la stricte exécution de l'article 3 de la nouvelle loi sur la presse, lequel exige le dépôt de deux exemplaires des publications dont il s'agit.

« D'autre part, vous ne perdrez pas de vue que le journal politique, ou non politique, présente un intérêt essentiellement éphémère, et que, dès lors, il peut être difficile de retrouver, même quelques jours après son apparition, un numéro donné.

« Vous veillerez donc à ce que le dépôt soit fait régulièrement chaque jour, et vous prendrez les mesures nécessaires pour que les exemplaires déposés ne s'égarent pas dans vos bureaux, le tout afin que votre collection de quinzaine me parvienne sans lacunes. »

Plus récemment, le 25 juin 1887, après s'être entendu avec son collègue, M. le ministre de l'instruction publique, auquel était remis un des deux exemplaires des journaux ou écrits périodiques déposés, et qui en a fait attribution aux archives départementales, M. le ministre de l'intérieur a invité les préfets à ne plus lui adresser, à l'avenir, qu'un seul exemplaire des journaux politiques de leur département, l'autre exemplaire devant être retenu à la préfecture pour être transmis à l'archiviste départemental.

amende de 50 à 500 francs, sans préjudice des autres peines et dommages-intérêts auxquels l'article pourrait donner lieu.

Cette insertion devra être faite à la même place et en mêmes caractères que l'article qui l'aura provoquée.

Elle sera gratuite lorsque les réponses ne dépasseront pas le double de la longueur dudit article. Si elles le dépassent, le prix d'insertion sera dû pour le surplus seulement. Il sera calculé au prix des annonces judiciaires.

2° Circulaire du 9 novembre 1881.

« L'article 19 du décret du 17 février 1852 avait imposé aux journaux le régime des insertions officielles connues sous le nom de *communiqués* ; il obligeait les gérants à insérer tous les documents officiels, relations authentiques, renseignements, réponses et rectifications qui leur étaient adressés par l'autorité.

« Un droit aussi étendu avait engendré de nombreux abus. L'article 12 l'a restreint dans les limites légitimes du droit de défense. Les dépositaires de l'autorité publique ne pourront, aux termes de cet article, adresser aux journaux et autres écrits périodiques que des rectifications au sujet des actes de leurs fonctions qui auraient été inexactement rapportés; elles sont gratuites; mais elles ne doivent pas dépasser le double de l'article auquel elles répondent.

« Cette disposition rend désormais impossibles toutes les communications abusives ou vexatoires; mais elle laisse en même temps aux représentants de l'autorité dont les actes ont été méconnus ou travestis toute la latitude nécessaire pour les défendre en en rétablissant le véritable caractère. Vous devrez assurer en toute circonstance l'entier exercice de ce droit, d'autant plus respectable que la loi nouvelle accorde à la presse plus de franchise. Vos substituts et vous-même pourrez avoir à en faire usage. Vous veillerez à ce que ces rectifications soient insérées exactement, et, comme le prescrit l'article 12, en tête du plus prochain numéro.

« L'article 13 règle le droit de réponse des particuliers, tel qu'il a été organisé par les lois antérieures. Il appartient à toutes les personnes qui ont été nommées ou désignées dans le journal ou écrit périodique. La réponse doit être insérée à la même place, et avec les mêmes caractères que l'article qui l'a provoquée; elle est gratuite, jusqu'à concurrence du double de cet article. Une seule modification aux dispositions antérieures a été introduite pour le règlement plus équitable du prix de l'excédent, lorsque la réponse dépasse le double. La loi du 9 septembre 1835 portait, dans son article 17, que cet excédent serait payé suivant le tarif des annonces ; ce que l'on entendait du tarif des annonces du journal ; il sera calculé, d'après l'article 13, au prix des annonces judiciaires. L'insertion doit avoir lieu dans les trois jours ou dans le plus prochain numéro. »

III. JOURNAUX OU ÉCRITS PÉRIODIQUES ÉTRANGERS.

1° Loi du 29 juillet 1881, chap. II, § 3.

ART. 14. La circulation en France des journaux ou écrits périodiques publiés à l'étranger ne pourra être interdite que par une décision spéciale délibérée en conseil des ministres.

La circulation d'un numéro peut être interdite par une décision du ministre de l'intérieur.

La mise en vente ou la distribution, faite sciemment au mépris de l'interdiction, sera punie d'une amende de 50 francs à 500 francs.

2° Circulaire du 9 novembre 1881.

« D'après l'article 2 du décret du 17 février 1852, les journaux politiques ou d'économie sociale ne pouvaient circuler en France qu'en vertu d'une autorisation. La loi nouvelle consacre le principe contraire. Désormais la circulation est libre, sauf les deux interdictions suivantes.

« Une interdiction générale de circulation pourra être portée contre un journal, par une décision du conseil des ministres; la circulation d'un numéro pourra être interdite par une décision de M. le ministre de l'intérieur. Il est à remarquer, d'ailleurs, que cette réglementation spéciale s'applique à tous les journaux ou écrits périodiques étrangers, de quelque matière qu'ils traitent, et non seulement aux journaux politiques ou d'économie sociale. La mise en vente ou distribution de journaux interdits ne sera punie qu'autant qu'elle sera faite sciemment, au mépris de l'interdiction. »

IV. AFFICHAGE.

1º Loi du 29 juillet 1881, chap. III, § 1er.

ART. 15. Dans chaque commune, le maire désignera, par arrêté, les lieux exclusivement destinés à recevoir les affiches des lois et autres actes de l'autorité publique.

Il est interdit d'y placarder des affiches particulières [1].

Les affiches des actes émanés de l'autorité seront seules imprimées sur papier blanc [2].

Toute contravention aux dispositions du présent article sera punie des peines portées en l'article 2.

ART. 16. Les professions de foi, circulaires et affiches électorales pourront être placardées, à l'exception des emplacements réservés par l'article précédent, sur tous les édifices publics autres que les édifices consacrés aux cultes, et particulièrement aux abords des salles du scrutin.

ART. 17. Ceux qui auront enlevé, déchiré, recouvert ou altéré par un procédé quelconque, de manière à les travestir ou à les rendre illisibles, des affiches apposées par ordre de l'administration dans les emplacements à ce réservés, seront punis d'une amende de 5 francs à 15 francs.

Si le fait a été commis par un fonctionnaire ou un agent de l'autorité publique, la peine sera d'une amende de 16 francs à 100 francs, et d'un emprisonnement de six jours à un mois ou de l'une de ces deux peines seulement.

Seront punis d'une amende de 5 à 15 francs ceux qui auront enlevé, déchiré, recouvert ou altéré par un procédé quelconque, de manière à les travestir ou à les rendre illisibles, des affiches électorales émanant de simples particuliers, apposées ailleurs que sur les propriétés de ceux qui auront commis cette lacération ou altération.

---

1. En vertu de cette disposition, le préfet de la Seine a pris, les 22 octobre et 28 décembre 1886, des arrêtés qui affectent exclusivement à l'affichage des lois et autres actes de l'autorité publique un certain nombre de bâtiments, palais nationaux, édifices municipaux, à Paris. (Voir *Chronique du Journal de la Librairie*, année 1886, nº 47, et année 1887, nº 4.)

2. Toutes autres affiches doivent être imprimées sur papier de couleur : elle sont en outre assujetties à un timbre de dimension : 6 centimes pour 12 décimètres carrés (40/30); 12 cent. pour 25 décimètres carrés (60/40) ; 18 cent. pour 50 décimètres carrés (80/60) ; 24 cent. pour tous formats au-dessus. (*Lois des* 18 *juillet* 1866, *art.* 4, *et* 23 *août* 1871, *art.* 2.) — Des timbres mobiles peuvent être appliqués sur les affiches. (*Loi du* 27 *juillet* 1870.) Ces timbres seront collés par les soins des imprimeurs et à leurs risques et périls: ils seront apposés de manière qu'ils soient oblitérés par l'impression de deux lignes au moins du texte de l'affiche. Dans le cas où, par suite de la disposition des caractères typographiques, l'oblitération ne pourrait avoir lieu de cette manière, il y serait suppléé

La peine sera d'une amende de 16 francs à 100 francs et d'un emprisonnement de six jours à un mois ou de l'une de ces deux peines seulement, si le fait a été commis par un fonctionnaire ou agent de l'autorité publique, à moins que les affiches n'aient été apposées dans les emplacements réservés par l'article 15.

2° *Circulaire du 9 novembre 1881.*

« La professsion d'afficheur est entièrement libre; elle n'est assujettie à l'accomplissement d'aucune formalité. La déclaration à l'autorité municipale, que l'article 2 de la loi du 10 décembre 1830 exigeait de ceux qui voulaient exercer, même temporairement, cette profession, est supprimée. La loi supprime également les interdictions portées par les lois antérieures relativement à certaines affiches et notamment à celles des écrits concernant des nouvelles politiques (art. 1er de la loi du 10 décembre 1830).

« Les articles 15 et suivants n'édictent qu'un petit nombre de dispositions pour protéger les affiches de l'autorité et les affiches électorales. L'article 15 reproduit les prescriptions édictées par le décret des 18-22 mai 1791 pour distinguer les affiches des lois et autres actes de l'autorité de celles des particuliers. Le maire désigne, par un arrêté, dans chaque commune, les lieux ou emplacements qui sont destinés à recevoir ces affiches; il est interdit d'y placarder des affiches particulières. Les affiches de l'autorité peuvent seules être imprimées sur papier blanc. *Les imprimeurs doivent donc se servir exclusivement, pour les affiches des particuliers, de papiers de couleur;* il résulte des termes dans lesquels l'article 15 est rédigé que l'infraction à cette disposition est à leur charge, comme elle l'était déjà sous la législation antérieure.

« Les professions de foi, circulaires et affiches électorales peuvent être placardées sur tous les édifices publics, en dehors des places réservées pour les affiches de l'autorité. Les édifices consacrés au culte sont seuls exceptés.

« L'article 17 punit ceux qui enlèvent, déchirent, recouvrent ou altèrent par un procédé quelconque, de manière à les travestir ou à les rendre illisibles, les affiches de l'administration ou les affiches électorales régulièrement placardées. La peine varie selon que le fait a été commis par un particulier ou un fonctionnaire public ; c'est une peine de simple police dans le premier cas, correctionnelle dans le second.

« Il n'y aurait pas de contravention si les affiches lacérées ou travesties avaient été placardées sans droit, et dans des lieux ou emplacements prohibés. Ainsi le fonctionnaire public n'encourt aucune peine lorsqu'il enlève les affiches électorales apposées sur les emplacements réservés à l'administration; il en est de même du particulier qui enlève les affiches apposées sur sa propriété sans son autorisation. Les particuliers sont libres d'accorder ou de refuser l'autorisation de placarder des affiches quelconques, électorales ou autres, sur leurs propriétés. Le même droit n'appartient pas aux simples locataires; une proposition qui avait été faite pour le leur accorder a été rejetée. »

V. COLPORTAGE ET VENTE SUR LA VOIE PUBLIQUE

1° *Loi du 29 juillet 1881, chap.* III, § 2.

Art. 18. Quiconque voudra exercer la profession de colporteur ou de distributeur sur la voie publique ou en tout autre lieu public ou privé,

---

par une griffe apposée à l'encre grasse, en travers du timbre, et faisant connaître le nom de l'imprimeur ou la raison sociale de sa maison de commerce, ainsi que la date de l'oblitération. (*Décret du 21 décembre 1872, art. 2.*) Toutefois, pour les affiches imprimées à l'étranger, l'administration du Timbre admet que l'oblitération du timbre mobile soit faite par l'auteur de l'affiche.

« Sont affranchies du timbre les affiches électorales d'un candidat, contenant sa profession de foi, une circulaire signée de lui, ou seulement son nom. » (*Loi du 11 mai 1868, art. 3, § 3.*) — Cette disposition s'applique aux élections politiques, municipales ou consulaires.

de livres, écrits, brochures, journaux, dessins, gravures, lithographies et photographies, sera tenu d'en faire la déclaration à la préfecture du département où il a son domicile.

Toutefois, en ce qui concerne les journaux et autres feuilles périodiques, la déclaration pourra être faite, soit à la mairie de la commune dans laquelle doit se faire la distribution, soit à la sous-préfecture. Dans ce dernier cas, la déclaration produira son effet pour toutes les communes de l'arrondissement.

ART. 19. La déclaration contiendra les nom, prénoms, profession, domicile, âge et lieu de naissance du déclarant.

Il sera délivré immédiatement et sans frais au déclarant un récépissé de sa déclaration.

ART. 20. La distribution et le colportage accidentels ne sont assujettis à aucune déclaration.

ART. 21. L'exercice de la profession de colporteur ou de distributeur sans déclaration préalable, la fausseté de la déclaration, le défaut de présentation à toute réquisition du récépissé, constituent des contraventions.

Les contrevenants seront punis d'une amende de 5 francs à 15 francs et pourront l'être, en outre, d'un emprisonnement de un à cinq jours.

En cas de récidive ou de déclaration mensongère, l'emprisonnement sera nécessairement prononcé.

ART. 22. Les colporteurs et distributeurs pourront être poursuivis conformément au droit commun [1], s'ils ont sciemment colporté ou distribué des livres, écrits, brochures, journaux, dessins, gravures, lithographies et photographies, présentant un caractère délictueux, sans préjudice des cas prévus à l'article 42.

2° *Circulaire du 9 novembre 1881.*

« La loi affranchit les colporteurs et les distributeurs de l'autorisation préalable; elle supprime le catalogue et le livret. Elle astreint les *colporteurs et distributeurs* à la *seule déclaration de leurs nom, prénoms, profession et domicile, âge et lieu de naissance*. Il leur est délivré un récépissé qui doit être présenté à toute réquisition. La distribution et le colportage accidentels sont entièrement libres; ils sont exemptés de la formalité même de la déclaration. Il n'est pas nécessaire que le colporteur soit Français et jouisse de ses droits civils et politiques; ces conditions, exigées par le projet de loi primitif, ont été supprimées au cours de la discussion, avec l'obligation du catalogue et du livret. »

1. La Cour de cassation a décidé que les annonces mensongères faites par les distributeurs, ayant pour but de tromper les acheteurs en attirant l'attention du public sur les événements ainsi annoncés et de forcer pour ainsi dire la curiosité publique à acheter ces placards, constituent le délit d'escroquerie, parce qu'elles revêtent le caractère de manœuvres frauduleuses, de nature à faire croire à un événement chimérique et imaginaire, prévu par l'article 405 du Code pénal. (Voir *Gazette des Tribunaux*, 21 décembre 1884; voir aussi jugement du tribunal correctionnel de la Seine, *Chronique du Journal de la Librairie*, année 1886, n° 24.)

VI. DES CRIMES ET DÉLITS COMMIS PAR LA VOIE DE LA PRESSE OU PAR TOUT AUTRE MOYEN DE PUBLICATION. PROVOCATION AUX CRIMES ET DÉLITS.

1° *Loi du 29 juillet 1881, chap.* IV, § 1er.

Art. 23. Seront punis comme complices d'une action qualifiée crime ou délit ceux qui, soit par des discours, cris ou menaces proférés dans des lieux ou réunions publics, soit par des écrits, des imprimés vendus ou distribués, mis en vente ou exposés dans des lieux ou réunions publics, soit par des placards ou affiches exposés aux regards du public, auront directement provoqué l'auteur ou les auteurs à commettre ladite action, si la provocation a été suivie d'effet.

Cette disposition sera également applicable lorsque la provocation n'aura été suivie que d'une tentative de crime prévue par l'article 2 du Code pénal.

Art. 24. Ceux qui, par les moyens énoncés en l'article précédent, auront directement provoqué à commettre les crimes de meurtre, de pillage et d'incendie, ou l'un des crimes contre la sûreté de l'État prévus par les articles 75 et suivants jusques et y compris l'article 101 du Code pénal, seront punis dans le cas où cette provocation n'aurait pas été suivie d'effet, de trois mois à deux ans d'emprisonnement et de 100 francs à 3,000 francs d'amende.

Tous cris ou chants séditieux proférés dans des lieux ou réunions publics seront punis d'un emprisonnement de six jours à un mois et d'une amende de 16 francs à 500 francs ou de l'une de ces deux peines seulement.

Art. 25. Toute provocation par l'un des moyens énoncés à l'article 23, adressée à des militaires des armées de terre ou de mer, dans le but de les détourner de leurs devoirs militaires et de l'obéissance qu'ils doivent à leurs chefs dans tout ce qu'ils leur commandent pour l'exécution des lois et règlements militaires, sera punie d'un emprisonnement d'un à six mois et d'une amende de 16 francs à 100 francs.

2° *Circulaire du 9 novembre 1881.*

« La loi nouvelle ne reconnaît qu'un petit nombre de délits. Elle est restée en deçà de la nomenclature classique de la loi de 1819. Les seuls crimes ou délits qu'elle a retenus, parmi ceux qui étaient prévus par toute la législation antérieure sur la presse, sont :

« 1° La provocation aux crimes ou délits suivie d'effet ; 2° la provocation, non suivie d'effet, aux crimes de meurtre, de pillage ou d'incendie, aux crimes contre la sûreté de l'État ; 3° les cris ou chants séditieux ; 4° la provocation aux militaires pour les détourner de leurs devoirs ; 5° l'offense au président de la République ; 6° la publication de fausses nouvelles ayant troublé la paix publique ; 7° l'outrage aux bonnes mœurs ; 8° la diffamation et l'injure : 9° l'offense et l'outrage envers les chefs de l'État ou agents diplomatiques étrangers.

« La loi a prévu encore certaines interdictions de publications ou de comptes rendus ; mais les infractions qui en résultent, bien que punies de peines corporelles, ont plutôt un caractère contraventionnel.

« La provocation aux crimes et délits n'a pas été maintenue dans les termes de la loi de 1819 (*Loi du 17 mai 1819,* art. 1er). Les articles 23 et 24 y ajoutent une condition : ils exigent, comme l'ancien article du Code pénal, qu'elle ait été directe :

ils suppriment, en outre, la provocation par dessins, gravures, peintures et emblèmes.

« Sous ces modifications, l'article 23, comme la loi de 1819, assimile à la complicité proprement dite la provocation à des crimes ou à des délits suivie d'effet, ou même à la tentative de crime lorsque cette tentative réunit les conditions de la tentative légale, c'est-à-dire lorsqu'elle n'a manqué son effet que par des circonstances indépendantes de la volonté de son auteur. La provocation à la tentative de simples délits même dans les cas où cette tentative est assimilée par la loi au délit lui-même n'est pas punie.

« En ce qui concerne la provocation non suivie d'effet, la loi nouvelle s'est attachée au système du Code pénal (ancien article 102), complété par la loi du 18 juillet 1791. Elle ne la punit qu'autant qu'il s'agit de crimes de meurtre, de pillage et d'incendie ou des crimes contre la sûreté de l'Etat prévus par les articles 75 à 101 du Code pénal.

« L'article 24, 2° alinéa, punit les cris séditieux et les chants que la jurisprudence leur assimilait déjà. La loi ne pouvait laisser ces actes impunis lorsque le Code pénal réprime les simples bruits ou tapages injurieux ou nocturnes qui troublent la tranquillité publique.

« L'article 25 punit la provocation aux militaires pour les détourner de leurs devoirs et de l'obéissance qu'ils doivent à leurs chefs dans tout ce qu'ils leur commandent pour l'exécution des lois et règlements militaires. C'est la reproduction de l'article 2 de la loi du 27 juillet 1849, avec une définition plus rigoureuse du délit. La loi de 1849 réservait les peines les plus graves à la tentative d'embauchage ; cette réserve a été omise dans l'article 25 comme inutile : mais il a été entendu que les textes des codes de justice militaire, relatifs à l'embauchage, subsistent en entier et qu'il n'était rien innové par la loi à cet égard. »

VII. délits contre la chose publique.

1° *Loi du 29 juillet 1881, chap.* iv, § 2.

Art. 26. L'offense au Président de la République par l'un des moyens énoncés dans l'article 23 et dans l'article 28 est punie d'un emprisonnement de trois mois à un an et d'une amende de 100 francs à 3,000 francs, ou de l'une de ces deux peines seulement.

Art. 27. La publication ou reproduction de nouvelles fausses, de pièces fabriquées, falsifiées ou mensongèrement attribuées à des tiers, sera punie d'un emprisonnement d'un mois à un an et d'une amende de 50 francs à 1,000 francs ou de l'une de ces deux peines seulement, lorsque la publication ou reproduction aura troublé la paix publique et qu'elle aura été faite de mauvaise foi.

Art. 28. L'outrage aux bonnes mœurs commis par l'un des moyens énoncés en l'article 23 sera puni d'un emprisonnement d'un mois à deux ans et d'une amende de 16 francs à 2,000 francs.

Les mêmes peines seront applicables à la mise en vente, à la distribution ou à l'exposition de dessins, gravures, peintures, emblèmes, ou images obscènes. Les exemplaires de ces dessins, gravures, peintures, emblèmes ou images obscènes exposés aux regards du public, mis en vente, colportés ou distribués, seront saisis [1].

---

1. La loi du 2 août 1882 a étendu les cas de répression et la pénalité des délits prévus par l'art. 28. Cette loi est ainsi conçue :

Art. 1er. — Est puni d'un emprisonnement d'un mois à deux ans et d'une amende de seize à trois mille francs (16 à 3.000 francs), quiconque aura commis le délit d'outrage aux bonnes mœurs par la vente, l'offre l'exposition, l'affichage ou la distribution gra-

2° *Circulaire du 9 novembre* 1881.

« Trois délits seulement ont été retenus dans cette catégorie : l'offense au Prési·
dent de la République, les fausses nouvelles, l'outrage aux bonnes mœurs. Les ou
trages aux Chambres et l'outrage au gouvernement de la République, qui figuraient
dans le projet primitif, ont été supprimés dans la discussion à cause de leur caractère
politique. Les outrages au Président de la République sont qualifiés d'offenses. Cette
dénomination comprend, comme l'outrage, la diffamation et l'injure ; elle a été conservée parce qu'elle était consacrée par la tradition législative et qu'elle a paru répon-
dre, mieux que toute autre, à la situation exceptionnelle du chef de l'État. L'offense
au Président de la République est punie lorsqu'elle est commise, non seulement par
l'un des moyens de publicité admis pour la provocation, discours, cris ou menaces,
mais aussi par des dessins, gravures, peintures, emblèmes ou images.

« En ce qui concerne les fausses nouvelles, l'article 27 n'a pas reproduit les distinctions du décret de 1852 sur les fausses nouvelles simples, de mauvaise foi ou de
nature à troubler la paix publique (*Décret du* 17 *février* 1852, art. 15). Il ne les punit qu'autant qu'elles ont été publiées de mauvaise foi et qu'elles ont apporté un
trouble réel à la paix publique. La loi ne définit pas ce trouble : ce sera aux tribunaux et à vous-même à l'apprécier dans chaque espèce particulière.

« L'article 28 punit l'outrage aux bonnes mœurs commis par tous les moyens de
publication, discours, cris, menaces, dessins, gravures, peintures, emblèmes ou images.
Le législateur a voulu atteindre tout particulièrement ce délit, pour lequel il a dérogé
au système d'abaissement des pénalités anciennes, qu'il a suivi partout ailleurs ; il a
élevé le maximum des peines qui lui sont applicables à deux ans d'emprisonnement et
à 2,000 francs d'amende, au lieu d'un an et 500 francs. Il déroge encore aux principes
qu'il a établis en matière de saisie, en autorisant exceptionnellement, dans le cas d'outrage aux bonnes mœurs par dessins ou figures, la saisie préventive des dessins, gravures, peintures, emblèmes ou images qui ont été exposés ou mis en vente. »

VIII. DÉLITS CONTRE LES PERSONNES

1° *Loi du* 29 *juillet* 1881, *chap.* IV, §§ 3 *et* 4.

ART. 29. Toute allégation ou imputation d'un fait qui porte atteinte à
l'honneur ou à la considération de la personne ou du corps auquel le
fait est imputé est une diffamation.

Toute expression outrageante, terme de mépris ou invective, qui ne
renferme l'imputation d'aucun fait, est une injure.

tuite sur la voie publique ou dans les lieux publics d'écrits, d'imprimés autres que le
livre, d'affiches, dessins, gravures, peintures, emblèmes ou images obscènes.

Art. 2. — Les complices de ces délits, dans les conditions prévues et déterminées par
l'art. 60 du Code pénal, seront punis de la même peine, et la poursuite aura lieu devant
le tribunal correctionnel, conformément au droit commun et suivant les règles édictées
par le code d'instruction criminelle.

Art. 3. — L'art. 463 du Code pénal s'applique aux délits prévus par la présente loi.

Art. 4. — Sont abrogées toutes les dispositions contraires à la présente loi.

Le garde des sceaux, en transmettant le texte de la loi nouvelle aux procureurs généraux, s'exprimait ainsi:

« J'appelle votre attention sur cette loi et je signale ses dispositions à votre vigilance.
Ni le gouvernement ni le législateur n'ont entendu porter la moindre atteinte à la
liberté de la presse. L'exposé des motifs, le texte de la loi nouvelle, le rapport fait à la
Chambre des députés et la discussion qui l'a suivi, ne peuvent laisser aucune place au
doute à cet égard. Les écrits obscènes, *autres que le livre*, ont seuls été visés : mais
vous êtes désormais fortement armé pour réprimer les écarts des auteurs, vendeurs et
propagateurs de ces écrits. Le droit commun leur est applicable, les complices ne sont
plus à l'abri de la poursuite, les spéculateurs peuvent aussi bien être atteints que les
colporteurs. *L'imprimeur* qui, en vue du lucre, prête ses presses à l'auteur ou à l'éditeur de ces honteuses productions, ne restera p'us impuni : la saisie préventive pourra
être faite et l'arrestation ordonnée. Le châtiment suivra de près le délit. »

Art. 30. La diffamation commise par l'un des moyens énoncés ne l'article 23 et en l'article 28, envers les Cours, les Tribunaux, les armées de terre ou de mer, les Corps constitués et les administrations publiques, sera punie d'un emprisonnement de huit jours à un an et d'une amende de 100 francs à 3,000 francs, ou de l'une de ces deux peines seulement.

Art. 31. Sera punie de la même peine la diffamation commise par les mêmes moyens, à raison de leurs fonctions ou de leur qualité, envers un ou plusieurs membres du ministère, un ou plusieurs membres de l'une ou l'autre Chambre, un fonctionnaire public, un dépositaire ou agent de l'autorité publique, un ministre de l'un des cultes salariés par l'État, un citoyen chargé d'un service ou d'un mandat public temporaire ou permanent, un juré ou un témoin, à raison de sa déposition.

Art. 32. La diffamation commise envers les particuliers par l'un des moyens énoncés en l'article 23 et en l'article 28, sera punie d'un emprisonnement de cinq jours à six mois et d'une amende de 25 francs à 2,000 francs, ou de l'une de ces deux peines seulement.

Art. 33. — L'injure commise par les mêmes moyens envers les corps ou les personnes désignés par les articles 30 et 31 de la présente loi sera punie d'un emprisonnement de six jours à trois mois et d'une amende de 18 à 500 francs, ou de l'une de ces deux peines seulement.

L'injure commise de la même manière envers les particuliers, lorsqu'elle n'aura pas été précédée de provocation, sera punie d'un emprisonnement de cinq jours à deux mois et d'une amende de 16 francs à 300 francs, ou de l'une de ces deux peines seulement.

Si l'injure n'est pas publique, elle ne sera punie que de la peine prévue par l'article 471 du Code pénal.

Art. 34. Les articles 29, 30 et 31 ne seront applicables aux diffamations ou injures dirigées contre la mémoire des morts que dans les cas où les auteurs de ces diffamations ou injures auraient eu l'intention de porter atteinte à l'honneur ou à la considération des héritiers vivants.

Ceux-ci pourront toujours user du droit de réponse prévu par l'art. 13.

Art. 35. La vérité du fait diffamatoire, mais seulement quand il est relatif aux fonctions, pourra être établie par les voies ordinaires, dans le cas d'imputations contre les corps constitués, les armées de terre ou de mer, les administrations publiques et contre toutes les personnes énumérées dans l'article 31.

La vérité des imputations diffamatoires et injurieuses pourra être également établie contre les directeurs ou administrateurs de toute entreprise industrielle, commerciale ou financière, faisant publiquement appel à l'épargne ou au crédit.

Dans les cas prévus aux deux paragraphes précédents, la preuve contraire est réservée. Si la preuve du fait diffamatoire est rapportée, le prévenu sera renvoyé des fins de la plainte.

Dans toute autre circonstance et envers toute autre personne non qualifiée, lorsque le fait imputé est l'objet de poursuites commencées à la requête du ministère public ou d'une plainte de la part du prévenu, il sera, durant l'instruction qui devra avoir lieu, sursis à la poursuite et au jugement du délit de diffamation.

Art. 36. L'offense commise publiquement envers les chefs d'État étrangers sera punie d'un emprisonnement de trois mois à un an et d'une amende de 100 à 3,000 francs, ou de l'une de ces deux peines seulement.

Art. 37. L'outrage commis publiquement envers les ambassadeurs et ministres plénipotentiaires, envoyés, chargés d'affaires, ou autres agents diplomatiques accrédités près du gouvernement de la République, sera puni d'un emprisonnement de huit jours à un an et d'une amende de 50 francs à 2,000 francs, ou de l'une de ces deux peines seulement.

2° *Circulaire du 9 novembre 1881.*

« Les délits contre les personnes sont l'offense envers les chefs d'État étrangers, l'outrage envers les agents diplomatiques accrédités près le gouvernement de la République, la diffamation ou l'injure envers les corps constitués, les fonctionnaires, les citoyens chargés d'un service ou mandat public, les jurés, les témoins et les simples particuliers. « La loi nouvelle a conservé a définition classique de la diffamation et de l'injure de la loi de 1819 (*Loi du 17 mai* 1819, art. 13). Elle apporte, néanmoins, deux modifications légères à cette loi, en ce qui concerne l'injure. Elle supprime toute distinction entre l'injure simple et celle qui renferme l'imputation d'un vice déterminé; elle admet, en outre, l'excuse de la provocation pour l'injure, même publique.

« L'article 30, qui prévoit la diffamation envers les Cours et Tribunaux et les Corps constitués, a reproduit l'énumération de la loi de 1822 (*Loi du 25 mars* 1822, art. 5); il y a seulement ajouté, pour faire cesser des hésitations, qui s'étaient produites dans la jurisprudence, les armées de terre et de mer; il a supprimé le mot « autorités », comme inutile et faisant double emploi avec les corps constitués et les administrations publiques.

« L'article 35 autorise la preuve des faits diffamatoires, non seulement contre les fonctionnaires publics, mais aussi contre les corps constitués, les armées de terre ou de mer, les administrations publiques et même contre les jurés et témoins; l'interdiction de la preuve est rigoureusement restreinte aux diffamations commises envers les particuliers. Cet article contient une autre innovation importante : la vérité des faits pourra être établie aussi contre les directeurs ou administrateurs de toute entreprise industrielle, commerciale ou financière faisant publiquement appel à l'épargne. L'intérêt public exige en effet que les personnes qui exercent ces fonctions ou un mandat de cette nature répondent de la sincérité et de la fidélité de leur gestion devant le public auquel elles font appel.

« Si la preuve des faits diffamatoires est rapportée, le prévenu sera renvoyé des fins de la plainte. L'article 20 de la loi du 26 mai 1819 ajoutait : « sans préjudice des « peines prononcées contre toute injure qui ne serait pas nécessairement dépendante « des mêmes faits. » Cette disposition a été supprimée comme dangereuse et inutile. On a voulu éviter par là que le juge ne se crût autorisé parfois à disqualifier les faits pour arriver à prononcer une condamnation malgré la preuve faite; mais il a été reconnu que l'injure qui serait véritablement indépendante des faits diffamatoires continuerait à être poursuivie et punie comme constituant un délit distinct.

« L'article 34 résout législativement la question controversée de la diffamation envers les morts. La Cour de cassation a décidé que la diffamation pouvait résulter des seules imputations dirigées contre la mémoire des morts; la Cour de Paris et d'autres Cours d'appel repoussaient cette doctrine. Quelques arrêts admettaient cependant un système mixte, aux termes duquel il y avait diffamation punissable, dans les imputations contre les morts, toutes les fois que les héritiers étaient personnellement atteints par ces imputations, alors même qu'elles n'auraient pas été dirigées intentionnellement contre eux.

« La loi a rejeté ces deux systèmes, comme de nature à porter atteinte aux droits de l'histoire. Elle n'autorise les héritiers à poursuivre les imputations diffamatoires ou injurieuses dirigées contre leurs auteurs qu'autant que les diffamateurs auront eu l'intention de porter atteinte à leur propre considération. Elle repousse donc entièrement la diffamation envers les morts. La réserve qu'elle fait au profit des héritiers ne consacre pas un droit nouveau ; elle aurait été inutile à formuler s'il n'avait fallu écarter les solutions antérieures de la jurisprudence. L'action n'est, en effet, dans ce cas, que l'action personnelle de l'héritier diffamé.

« L'article 34 accorde cependant, par une disposition nouvelle, aux héritiers qui ne sont pas diffamés personnellement, lorsqu'il s'agit d'écrits périodiques ou de journaux, une faculté qui sauvegarde leurs intérêts, tout en respectant les franchises de l'écrivain. Ils pourront user du droit de réponse, réglé par l'article 13, pour repousser les imputations dirigées contre la mémoire de leurs auteurs, alors même qu'ils n'auront été ni nommés, ni désignés personnellement. »

IX. PUBLICATIONS INTERDITES. — IMMUNITÉS DE LA DÉFENSE.

1° *Loi du 29 juillet 1881, chap.* IV, § 5.

Art. 38. Il est interdit de publier les actes d'accusation et tous autres actes de procédure criminelle ou correctionnelle avant qu'ils aient été lus en audience publique, et ce, sous peine d'une amende de 50 à 1,000 francs.

Art. 39. Il est interdit de rendre compte des procès en diffamation où la preuve des faits diffamatoires n'est pas autorisée. La plainte seule pourra être publiée par le plaignant. Dans toute affaire civile, les Cours et Tribunaux pourront interdire le compte rendu du procès.

Ces interdictions ne s'appliqueront pas aux jugements, qui pourront toujours être publiés.

Il est également interdit de rendre compte des délibérations intérieures, soit des jurys, soit des Cours et Tribunaux.

Toute infraction à ces dispositions sera punie d'une amende de 100 francs à 2,000 francs.

Art. 40. Il est interdit d'ouvrir ou d'annoncer publiquement des souscriptions ayant pour objet d'indemniser des amendes, frais et dommages-intérêts prononcés par des condamnations judiciaires, en matière criminelle et correctionnelle, sous peine d'un emprisonnement de huit jours à six mois et d'une amende de 100 francs à 1,000 francs, ou de l'une de ces deux peines seulement.

Art. 41. Ne donneront ouverture à aucune action les discours tenus dans le sein de l'une des deux Chambres, ainsi que les rapports ou toutes autres pièces imprimées par ordre de l'une des deux Chambres.

Ne donnera lieu à aucune action le compte rendu des séances publiques des deux Chambres, fait de bonne foi dans les journaux.

Ne donneront lieu à aucune action en diffamation, injure ou outrage, ni le compte rendu fidèle fait de bonne foi des débats judiciaires, ni les discours prononcés ou les écrits produits devant les Tribunaux.

Pourront néanmoins les juges, saisis de la cause et statuant sur le fond, prononcer la suppression des discours injurieux, outrageants ou diffamatoires, et condamner qui il appartiendra à des dommages-intérêts. Les juges pourront aussi, dans le même cas, faire des injonctions aux avocats et officiers ministériels et même les suspendre de leurs fonctions. La durée de cette suspension ne pourra excéder deux mois, et six mois en cas de récidive dans l'année.

Pourront toutefois les faits diffamatoires étrangers à la cause donner ouverture, soit à l'action publique, soit à l'action civile des parties, lorsque ces actions leur auront été réservées par les Tribunaux, et, dans tous les cas, à l'action civile des tiers.

2° *Circulaire du 9 novembre 1881.*

« Les dispositions qui figurent sous cette rubrique : *Publications interdites, immunités de la défense,* ne font que reproduire, avec de légères modifications, certaines interdictions de publications et de comptes rendus, édictées par les lois antérieures et notamment par celles du 17 mai 1819 (art. 21 à 23) et du 27 juillet 1849 (art. 5, 10 et 11).

« Les articles 38 à 40 prononcent l'interdiction de publier les actes d'accusation et de procédure criminelle et correctionnelle avant qu'ils aient été lus en audience publique ; de rendre compte des procès en diffamation où la preuve n'est pas autorisée, ainsi que des délibérations intérieures des jurys, des Cours et des Tribunaux, et d'ouvrir ou annoncer publiquement des souscriptions ayant pour objet d'indemniser des condamnations judiciaires, criminelles ou correctionnelles.

« L'article 39 autorise encore les Tribunaux à interdire le compte rendu des procès dans toute affaire civile. Il n'étend pas cette interdiction aux matières criminelles ou correctionnelles, comme le faisait l'article 17, paragraphe 2, du décret du 17 février 1852 ; mais cette disposition ne porte pas atteinte au droit qui appartient toujours aux Tribunaux d'ordonner le huis clos dans tous les cas où la publicité constituerait un danger pour l'ordre et les mœurs, conformément à l'article 81, toujours en vigueur, de la Constitution du 4 novembre 1848.

« L'article 41 consacre à nouveau l'immunité des débats parlementaires et des débats judiciaires. Il affranchit de toute poursuite, et notamment de toute action en diffamation, outrage ou injure, les comptes rendus des débats parlementaires ou judiciaires, et, à plus forte raison, les discours prononcés devant les Chambres, les rapports et autres pièces annexes des débats parlementaires, ainsi que les discours prononcés et les écrits produits devant les Tribunaux. Mais il ne couvre de cette immunité que les comptes rendus de bonne foi. Les comptes rendus infidèles et de mauvaise foi ne peuvent en bénéficier à aucun titre. L'infidélité et la mauvaise foi ne tombent plus à elles seules sous le coup de la loi ; et l'article 7 de la loi du 25 mars 1822, qui en faisait un délit spécial, est entièrement abrogé. Mais une action pourra toujours être dirigée contre les auteurs des comptes rendus infidèles faits de mauvaise foi, dans le cas où ils contiendraient des imputations diffamatoires ou injurieuses ou quelque autre délit caractérisé.

« Les poursuites qui seront dirigées contre eux seront d'ailleurs portées devant les Tribunaux compétents, selon les règles ordinaires. La connaissance de ces affaires ne sera pas réservée aux Corps des débats desquels il aura été rendu compte ; cette compétence exceptionnelle, que l'article 10 de la loi du 25 mars 1822 avait organisée pour la connaissance du délit spécial de compte rendu infidèle, n'existe plus ; on avait proposé, au cours de la discussion, de la rétablir pour le jugement des comptes rendus diffamatoires ou injurieux, afin que le tribunal saisi fût mieux à même d'apprécier l'excuse de la bonne foi que le prévenu ne manquera pas d'opposer aux poursuites : mais cette proposition a été rejetée. »

X. DES POURSUITES ET DE LA RÉPRESSION. — DES PERSONNES RESPONSABLES.

1° *Loi du 29 juillet 1881, chap. v, § 1er.*

Art. 42. Seront passibles, comme auteurs principaux, des peines qui constituent la répression des crimes et délits commis par la voie de la presse, dans l'ordre ci-après, savoir: 1° les gérants ou éditeurs, quelles

que soient leurs professions ou leurs dénominations ; 2° à leur défaut,
les auteurs ; 3° à défaut des auteurs, les *imprimeurs* ; 4° à défaut des
imprimeurs, les vendeurs, distributeurs ou afficheurs.

ART. 43. Lorsque les gérants ou les éditeurs seront en cause, les auteurs
seront poursuivis comme complices.

Pourront l'être, au même titre et dans tous les cas, toutes personnes
auxquelles l'article 60 du Code pénal pourrait s'appliquer. Ledit article
ne pourra s'appliquer aux imprimeurs pour faits d'impression, sauf dans
le cas et les conditions prévus par l'article 6 de la loi du 7 juin 1848 sur
les attroupements.

ART. 44. Les propriétaires des journaux ou écrits périodiques sont
responsables des condamnations pécuniaires prononcées au profit des
tiers contre les personnes désignées dans les deux articles précédents,
conformément aux dispositions des articles 1382, 1383, 1384 du Code
civil.

2° Circulaire du 9 novembre 1881.

« Les délits de presse exigent le concours de plusieurs agents. Les articles 42 à
44 indiquent quelles sont les personnes qui pourront en être déclarées responsables. Ils
apportent, sous plusieurs rapports, des dérogations notables aux règles du droit commun qui étaient suivies jusqu'ici ; mais il est à remarquer qu'ils ne disposent que
pour les délits commis par la voie de la presse. Ils ne s'appliquent ni aux délits de
paroles, qui, ne comportant habituellement qu'un agent, devaient rester soumis aux
règles ordinaires, ni aux contraventions prévues dans les chapitres I à III, pour cha-
cune desquelles le législateur a désigné par une mention expresse les personnes responsables.

« L'article 42 indique quels sont, parmi les agents qui ont concouru au délit, ceux
qui doivent être considérés comme auteurs principaux, et l'ordre dans lequel ils seront
poursuivis. Ce sont : 1° le publicateur-gérant ou éditeur ; 2° à défaut de publicateur
connu, l'auteur ; 3° à défaut d'auteur, l'imprimeur ; 4° à défaut d'imprimeur, les vendeurs, distributeurs ou afficheurs.

« L'article 43 règle la complicité. Il n'est rien innové en ce qui concerne les auteurs
à cet égard : ils sont toujours considérés comme complices, ils doivent être poursuivis
à ce titre, avec les gérants ou éditeurs, lorsque ceux-ci sont en cause comme auteurs
principaux.

« En ce qui concerne les *imprimeurs*, au contraire, la loi contient une innovation
considérable. Elle les affranchit de toute complicité à raison du fait de l'impression
des écrits délictueux, sauf dans le cas de provocation à un attroupement, prévu par
l'article 6 de la loi du 7 juin 1848 ; ils ne peuvent être retenus comme complices qu'à
raison des délits étrangers à l'impression, pourvu que ces faits rentrent dans les conditions de la complicité légale prévues par l'article 60 du Code pénal. La rédaction
primitive de l'article 43 étendait cette exception aux vendeurs, distributeurs ou afficheurs, pour les faits de vente, de distribution ou d'affichage. Mais cette mention a été
supprimée. Il en résulte que ces agents du délit, lorsqu'ils ne seront pas poursuivis
comme auteurs principaux, pourront l'être comme complices, conformément au droit
commun, dans le cas où ils auront vendu, distribué ou affiché les écrits délictueux en
connaissance de cause. C'est là d'ailleurs la disposition que l'article 22, qu'il faut
combiner ici avec l'article 43, édicte formellement en ce qui concerne les colporteurs
et distributeurs.

« L'article 44 consacre une autre innovation. Il déclare les propriétaires des journaux
responsables des condamnations pécuniaires au profit des tiers.

« La jurisprudence hésitait à admettre, sauf dans certains cas exceptionnels, que le
fait du gérant engageât la responsabilité des propriétaires du journal. D'après la disposition nouvelle de l'article 44, le gérant devra être réputé, en principe, le préposé des
propriétaires, qui deviendront, en conséquence, responsables de son fait, dans les termes

du droit commun. Cette responsabilité est d'ailleurs restreinte aux condamnations civiles : elle ne s'étend pas aux amendes. La propriété des journaux peut se constituer de bien des manières ; les propriétaires responsables seront ceux auxquels la loi civile ou commerciale reconnaîtra cette qualité.

« Les jugements de condamnations détermineront toutes les responsabilités ; ils devront, en outre, fixer, conformément à la loi, la durée de la contrainte par corps. Il importe que les extraits délivrés aux comptables chargés du recouvrement portent toutes les mentions nécessaires pour l'exécution. Vous veillerez, en conséquence, à ce que les greffiers mentionnent exactement, sur tous ces extraits, les personnes responsables, avec l'indication de la solidarité, lorsqu'elle aura lieu, ainsi que la durée de la contrainte. »

XI. JURIDICTION.

1° *Loi du 29 juillet 1881, chap.* v, § 1er.

Art. 45. Les crimes et délits prévus par la présente loi seront déférés à la Cour d'assises [1].

Sont exceptés et déférés aux Tribunaux de police correctionnelle les délits et infractions prévus par les articles 3, 4, 9, 10, 11, 12, 13, 14 ; 17, paragraphes 2 et 4 ; 28, paragraphe 2 ; 32 ; 33, paragraphe 2 ; 38, 39 et 40 de la présente loi.

Sont encore exceptées et renvoyées devant les Tribunaux de simple police, les contraventions prévues par les articles 2, 15 ; 17, paragraphe 1 et 3 ; 21 et 33, paragraphe 3, de la présente loi.

2° *Circulaire du 9 novembre 1881.*

« Les crimes et délits de presse sont déférés à la Cour d'assises. C'était déjà la règle posée par la loi du 26 mai 1819 (art. 13) ; c'était aussi celle de la loi du 15 avril 1871. La loi du 29 décembre 1875 l'avait maintenue ; mais elle disparaissait sous les exceptions nombreuses qui déféraient aux Tribunaux correctionnels les délits les plus nombreux et les plus habituels. Les seules infractions qui échappent aujourd'hui à la juridiction de la Cour d'assises sont de petites contraventions punies de simple police et un certain nombre d'infractions, la plupart matérielles, dont la connaissance a été attribuée au Tribunal correctionnel.

Le *Tribunal de simple police* connaît des contraventions qui suivent :

1° *Omission du nom et du domicile de l'imprimeur* (art. 2) ;

2° Affichage sur les lieux réservés aux affiches des actes de l'autorité publique (art. 15) ;

3° *Impression d'affiches sur papier blanc* (art. 15) ;

4° Lacération ou altération d'affiches administratives (art. 17, § 1er) ;

5° Lacération ou altération d'affiches électorales (art. 17, § 3) ;

6° Omission ou fausseté de la déclaration de colportage (art. 21) ;

7° Défaut de présentation du récépissé (art. 21) ;

8° Injures non publiques (art. 33, § 3).

Les infractions déférées aux *Tribunaux correctionnels* sont les suivantes :

1° *Omission du dépôt des imprimés* (art. 3, 4 et 9) ;

2° Défaut de gérance (art. 6, 7 et 9) ;

---

1. « Dans les colonies françaises de la Guyane, du Sénégal, de Saint-Pierre et Miquelon, de la Nouvelle-Calédonie et de la Cochinchine, ainsi que dans les établissements français de l'Inde et de l'Océanie, les crimes et délits prévus par la loi du 29 juillet 1881 sur la liberté de la presse, et qui sont déférés en France à la Cour d'assises, seront portés devant les tribunaux criminels composés conformément aux ordonnances et aux décrets sur l'organisation judiciaire en vigueur dans ces possessions.

« Lorsqu'un prévenu ne comparaît pas au jour fixé par la citation, il sera jugé par défaut par le tribunal criminel sans assistance ni intervention des assesseurs. »
(*Décret du 14 mars 1882.*)

3° Omission ou irrégularité de la déclaration des journaux ou écrits périodiques (art. 7, 8 et 9);

4° Omission ou irrégularité de la déclaration des mutations (art. 7 et 9) ;

5° Omission du dépôt des journaux ou écrits périodiques (art. 10);

6° *Omission de l'impression du nom du gérant au bas des exemplaires* (art. 11);

7° Défaut ou irrégularité de l'insertion des rectifications des dépositaires de l'autorité publique (art. 12);

8° Défaut ou irrégularité de l'insertion des réponses des particuliers (art. 13) ;

9° Mise en vente ou distribution des journaux étrangers dont la circulation est interdite (art. 14):

10° Lacération ou altération d'affiches administratives par un fonctionnaire public (art. 17, § 2);

11° Lacération ou altération d'affiches électorales par un fonctionnaire public (art. 17, § 4);

12° Outrages aux bonnes mœurs par dessins, gravures, peintures, emblèmes ou images obscènes (art. 28, § 2);

13° Diffamation envers les particuliers (art. 32):

14° Injures envers les particuliers (art. 33, § 2);

15° Publication des actes de procédure criminelle et correctionnelle avant qu'ils aient été lus en audience publique (art. 38);

16° Comptes rendus des procès en diffamation où la preuve n'est pas autorisée (art. 39);

17° Comptes rendus interdits par les Tribunaux (art. 39);

18° Comptes rendus des délibérations des jurys, des Cours et Tribunaux (art. 39);

19° Ouverture ou annonce publique de souscriptions pour indemniser des condamnations criminelles ou correctionnelles (art. 40) ».

XII. COMPÉTENCE.

1° *Loi du 29 juillet 1881, chap.* V, § 1er.

ART. 46. L'action civile, résultant des délits de diffamation prévus et punis par les articles 30 et 31, ne pourra, sauf dans le cas de décès de l'auteur du fait incriminé ou d'amnistie, être poursuivie séparément de l'action publique.

2° *Circulaire du 9 novembre 1881.*

« La loi ne s'explique pas sur la compétence; c'est donc celle du droit commun. La loi de 1819 avait établi, dans son article 12 (*Loi du 26 mai* 1819, art. 12), que les poursuites à la requête du ministère public seraient faites au lieu du dépôt des écrits poursuivis ou de la résidence du prévenu; l'article 8 de la loi du 29 décembre 1875 avait reproduit expressément, pour les crimes ou délits déférés aux Cours d'assises, la compétence du lieu du dépôt.

« Ces dispositions n'ont pas été reproduites par la loi nouvelle. La compétence demeure donc celle de l'article 63 du Code d'instruction criminelle. La juridiction compétente est, avec celle de la résidence de l'inculpé, celle du lieu du délit, c'est-à-dire de tous les lieux dans lesquels l'ouvrage délictueux a été publié.

« L'action civile pourra toujours être portée devant la juridiction criminelle ou correctionnelle avec l'action publique; mais elle pourra aussi être exercée séparément, conformément à l'article 3 du Code d'instruction criminelle. L'article 46 contient cependant une exception à cette règle : l'action civile résultant des délits de diffamation, dans les cas où la preuve des faits diffamatoires est autorisée, ne peut être poursuivie séparément de l'action publique, sauf dans le cas de décès de l'auteur du fait incriminé, ou d'amnistie. Cette disposition n'est que la reproduction des articles 2 de la loi du 22 mars 1848, et 4 de la loi du 15 avril 1871. Elle a pour but d'empêcher que les Corps constitués, les fonctionnaires publics et les autres personnes à l'égard desquelles la preuve est admise, dans un intérêt public, ne cherchent à s'y soustraire en substituant aux poursuites criminelles dans lesquelles cette preuve devrait être administrée une simple demande en dommages-intérêts devant les Tribunaux civils. »

XIII. PROCÉDURE. — PLAINTE PRÉALABLE.

1° *Loi du 29 juillet 1881, chap.* V, § 2.

A. Cour d'assises.

ART. 47. La poursuite des crimes et délits commis par la voie de la presse ou par tout autre moyen de publication aura lieu d'office et à la requête du ministère public, sous les modifications suivantes :

1° Dans le cas d'injure ou de diffamation envers les Cours, Tribunaux et autres Corps indiqués en l'article 30, la poursuite n'aura lieu que sur une délibération prise par eux en assemblée générale, et requérant les poursuites, ou si le Corps n'a pas d'assemblée générale, sur la plainte du chef du Corps ou du ministre duquel ce Corps relève ;

2° Dans le cas d'injure ou de diffamation envers un ou plusieurs membres de l'une ou de l'autre Chambre, la poursuite n'aura lieu que sur la plainte de la personne ou des personnes intéressées ;

3° Dans le cas d'injure ou de diffamation envers les fonctionnaires publics, les dépositaires ou agents de l'autorité publique autres que les ministres, envers les ministres des cultes salariés par l'État et les citoyens chargés d'un service ou d'un mandat public, la poursuite aura lieu, soit sur leur plainte, soit d'office sur la plainte du ministre dont ils relèvent ;

4° Dans le cas de diffamation envers un juré ou un témoin, délit prévu par l'article 31, la poursuite n'aura lieu que sur la plainte du juré ou du témoin qui se prétendra diffamé ;

5° Dans le cas d'offense envers les chefs d'État ou d'outrages envers les agents diplomatiques étrangers, la poursuite aura lieu soit à leur requête, soit d'office, sur leur demande adressée au ministre des affaires étrangères, et par celui-ci au ministre de la justice ;

6° Dans les cas prévus par les paragraphes 3 et 4 du présent article, le droit de citation directe devant la Cour d'assises appartiendra à la partie lésée.

Sur sa requête, le président de la Cour d'assises fixera les jours et heures auxquels l'affaire sera appelée.

ART. 48. Si le ministère public requiert une information, il sera tenu, dans son réquisitoire, d'articuler et de qualifier les provocations, outrages, diffamations et injures à raison desquels la poursuite est intentée, avec indication des textes dont l'application est demandée, à peine de nullité du réquisitoire de ladite poursuite.

ART. 49. Immédiatement après le réquisitoire, le juge d'instruction pourra, mais seulement en cas d'omission du dépôt prescrit par les articles 3 et 10 ci-dessus, ordonner la saisie de quatre exemplaires de l'écrit, du journal ou du dessin incriminé. Cette disposition ne déroge en rien à ce qui est prescrit par l'article 28 de la présente loi.

Si le prévenu est domicilié en France, il ne pourra être arrêté préventivement, sauf en cas de crime.

En cas de condamnation, l'arrêt pourra ordonner la saisie et la suppression ou la destruction de tous les exemplaires qui seraient mis en vente, distribués ou exposés au regard du public.

Toutefois, la suppression ou la destruction pourra ne s'appliquer qu'à certaines parties des exemplaires saisis.

Art. 50. La citation contiendra l'indication précise des écrits, des imprimés, placards, dessins, gravures, peintures, médailles, emblèmes, des discours ou propos publiquement proférés qui seront l'objet de la poursuite, ainsi que la qualification des faits. Elle indiquera les textes de la loi invoqués à l'appui de la demande.

Si la citation est à la requête du plaignant, elle portera, en outre, copie de l'ordonnance du président ; elle contiendra élection de domicile dans la ville où siège la Cour d'assises et sera notifiée tant au prévenu qu'au ministère public.

Toutes ces formalités seront observées à peine de nullité de la poursuite.

Art. 51. Le délai entre la citation et la comparution en Cour d'assises sera de cinq jours francs, outre un jour par cinq myriamètres de distance.

Art. 52. En matière de diffamation, ce délai sera de douze jours, outre un jour par cinq myriamètres.

Quand le prévenu voudra être admis à prouver la vérité des faits diffamatoires, conformément aux dispositions de l'article 34 de la présente loi, il devra, dans les cinq jours qui suivront la notification de la citation, faire signifier au ministère public près la Cour d'assises ou au plaignant, au domicile par lui élu, suivant qu'il est assigné à la requête de l'un ou de l'autre :

1° Les faits articulés et qualifiés dans la citation, desquels il entend prouver la vérité ;

2° La copie des pièces ;

3° Les noms, professions et demeures des témoins par lesquels il entend faire sa preuve. Cette signification contiendra élection de domicile près la Cour d'assises, le tout à peine d'être déchu du droit de faire la preuve.

Art. 53. Dans les cinq jours suivants, le plaignant ou le ministère public, suivant les cas, sera tenu de faire signifier au prévenu, au domicile par lui élu, la copie des pièces et les noms, professions et demeures des témoins, par lesquels il entend faire la preuve contraire, sous peine d'être déchu de son droit.

Art. 54. Toute demande en renvoi pour quelque cause que ce soit, tout incident sur la procédure suivie devront être présentés avant l'appel des jurés, à peine de forclusion.

Art. 55. Si le prévenu a été présent à l'appel des jurés, il ne pourra plus faire défaut, quand bien même il se fût retiré pendant le tirage au sort.

En conséquence, tout arrêt qui interviendra, soit sur la forme, soit sur le fond, sera définitif, quand bien même le prévenu se retirerait de l'audience ou refuserait de se défendre. Dans ce cas, il sera procédé avec le concours du jury, et comme si le prévenu était présent.

Art. 56. Si le prévenu ne comparaît pas au jour fixé par la citation, il sera jugé par défaut par la Cour d'assises sans assistance ni intervention des jurés.

La condamnation par défaut sera comme non avenue si, dans les cinq jours de la signification qui en aura été faite au prévenu ou à son domicile, outre un jour par cinq myriamètres, celui-ci forme opposition à l'exécution de l'arrêt, et notifie son opposition, tant au ministère public qu'au plaignant. Toutefois, si la signification n'a été faite à personne, ou s'il ne résulte pas de l'acte d'exécution de l'arrêt que le prévenu en a eu connaissance, l'opposition sera recevable jusqu'à l'expiration des délais de la prescription de la peine. L'opposition vaudra citation à la première audience utile. Les frais de l'expédition, de la signification de l'arrêt, de l'opposition et de la réassignation, pourront être laissés à la charge du prévenu.

Art. 57. Faute par le prévenu de former son opposition dans le délai fixé en l'article 56 et de la signifier aux personnes indiquées dans cet article, ou de comparaître par lui-même au jour fixé en l'article précédent, l'opposition sera réputée non avenue et l'arrêt par défaut sera définitif.

Art. 58. En cas d'acquittement par le jury, s'il y a partie civile en cause, la Cour ne pourra statuer que sur les dommages-intérêts réclamés par le prévenu. Ce dernier devra être renvoyé de la plainte sans dépens ni dommages-intérêts au profit du plaignant.

Art. 59. Si, au moment où le ministère public ou le plaignant exerce son action, la session de la Cour d'assises est terminée, et s'il ne doit pas s'en ouvrir d'autres à une époque rapprochée, il pourra être formé une Cour d'assises extraordinaire par ordonnance motivée du premier président. Cette ordonnance prescrira le tirage au sort des jurés, conformément à la loi.

L'article 81 du décret du 6 juillet 1810 sera applicable aux Cours d'assises extraordinaires, formées en exécution du paragraphe précédent.

B. Police correctionnelle et simple police.

Art. 60. La poursuite devant les Tribunaux correctionnels et de simple police aura lieu conformément aux dispositions du chapitre II du titre Ier du livre II du Code d'instruction criminelle, sauf les modifications suivantes :

1º Dans le cas de la diffamation envers les particuliers, prévu par l'article 32, et dans le cas d'injure prévu par l'art. 33, paragraphe 2, la poursuite n'aura lieu que sur la plainte de la personne diffamée ou injuriée ;

2º En cas de diffamation ou d'injure pendant la période électorale contre un candidat à une fonction élective, le délai de la citation sera réduit à vingt-quatre heures, outre le délai de distance ;

3º La citation précisera et qualifiera le fait incriminé : elle indiquera le texte de la loi applicable à la poursuite, le tout à peine de nullité de ladite poursuite.

Sont applicables au cas de poursuite et de condamnation les dispositions de l'article 48 de la présente loi.

Le désistement du plaignant arrêtera la poursuite commencée.

C. Pourvois en cassation.

ART. 61. Le droit de se pourvoir en cassation appartiendra au prévenu et à la partie civile, quant aux dispositions relatives à ses intérêts civils. L'un et l'autre seront dispensés de consigner l'amende, et le prévenu de se mettre en état.

ART. 62. Le pourvoi devra être formé, dans les trois jours, au greffe de la Cour ou du Tribunal qui aura rendu la décision. Dans les vingt-quatre heures qui suivront, les pièces seront envoyées à la Cour de cassation, qui jugera d'urgence dans les dix jours, à partir de leur réception.

2º *Circulaire du 9 novembre* 1881.

« Les crimes et délits commis par la voie de la presse et les autres moyens de publication sont poursuivis d'office par le ministère public ou par les parties lésées. Le droit du ministère public est subordonné, en général, à la nécessité d'une plainte préalable de la partie lésée, en matière de diffamation et d'injure, d'offense et d'outrage, tant envers les Corps constitués et les personnes publiques qu'envers les particuliers.

« La loi du 29 décembre 1875 (art. 6) autorisait la poursuite d'office pour diffamation et injure envers les Tribunaux et les Corps constitués. La loi nouvelle revient au système de la loi du 26 mai 1819 (art. 4), qui exigeait une délibération de l'assemblée générale de ces Corps; dans le cas où le Corps n'a pas d'assemblée générale, la poursuite aura lieu sur la plainte de son chef ou du ministre duquel ce Corps relève.

« Dans les cas de diffamation ou d'injure envers les fonctionnaires publics, les dépositaires ou agents de l'autorité publique, les ministres des cultes, les citoyens chargés d'un service ou d'un mandat public, la plainte de la partie lésée pourra être suppléée par celle du ministre dont elle relève ; les fonctionnaires des divers ordres ne sont pas seuls intéressés à a poursuite, et leur chef hiérarchique doit pouvoir la provoquer lorsqu'il la juge nécessaire. Dans le cas d'offense ou d'outrage envers les chefs d'Etat et les agents diplomatiques étrangers, la plainte est portée sous la forme d'une demande au ministère des affaires étrangères, qui la transmet au ministère de la justice.

« Il n'y a que deux exceptions à cette nécessité de la plainte préalable, pour le chef de l'Etat et les ministres. La première s'imposait ; la seconde résulte de la réserve contenue dans le paragraphe 3 de l'article 47, qui n'exige la plainte que des dépositaires de l'autorité publique « autres que les ministres ». La règle est générale en ce qui concerne les particuliers : la poursuite pour diffamation ou injure ne pourra avoir lieu, aux termes de l'article 60, que sur la plainte de la personne diffamée ou injuriée.

A. Procédure devant la Cour d'assises.

« La loi du 15 avril 1871, qui avait restitué aux Cours d'assises la connaissance des délits de presse, avait remis en vigueur les articles de la loi du 27 juillet 1849 (art. 16 à 23), relatifs à la procédure, que la jurisprudence complétait avec ceux de la loi du 26 mai 1819 concernant le même objet. La loi nouvelle emprunte ses principales dispositions à ces deux lois ; mais elle contient aussi plusieurs dispositions nouvelles. Cette procédure ne peut plus être combinée qu'avec les dispositions du Code d'instruction criminelle, dans les articles auxquels la loi nouvelle ne déroge pas soi expressément, soit tacitement.

« Deux voies sont ouvertes au ministère public pour l'exercice des poursuites devant la Cour d'assises : la voie ordinaire de l'information et celle de la citation directe.

« Une information préalable était le plus souvent nécessaire, sous la législation antérieure, pour arriver à la saisie préventive des imprimés délictueux ; mais cette saisie n'est plus autorisée aujourd'hui, sauf dans un cas, et la voie de la citation directe pourra être prise, dès le début, dans la plupart des cas qui requerront célérité.

« Le droit de saisie est réglé par l'article 49. La saisie préventive, ou saisie-séquestre, de l'édition ou du tirage de l'imprimé délictueux, est supprimée. L'article 7 de la loi du 26 mai 1819, qui consacrait ce droit en le réglementant, est entièrement abrogé.

« L'article 49 de la loi nouvelle n'autorise d'autre saisie que celle de quatre exemplaires, et encore ne peut-elle avoir lieu que lorsque l'imprimé délictueux n'a pas été déposé. Cette saisie n'a rien de commun avec la saisie-séquestre : elle n'a pour but que de mettre la justice en possession du corps du délit.

« La saisie-séquestre n'est maintenue que dans un cas : c'est celui de l'outrage aux mœurs, lorsqu'il est commis par dessins, gravures, peintures, emblèmes ou images obscènes, dans les termes du paragraphe 2 de l'article 28. Tous les exemplaires exposés, distribués ou mis en vente peuvent alors être saisis préventivement.

« La loi a prohibé la saisie préventive parce qu'elle cause, quelle que soit la célérité de la procédure, un préjudice irréparable ; mais elle n'a pas entendu laisser libre la circulation d'imprimés reconnus délictueux. — L'arrêt de condamnation pourra donc ordonner la saisie et même la destruction de tous les exemplaires qui seraient mis en vente. Il pourra d'ailleurs, lorsque la destruction totale ne sera pas nécessaire, se borner à prescrire la suppression des seules parties délictueuses.

« Avec la protection des écrits, la loi assure la protection des personnes. L'article 49 interdit la détention préventive pour tous les prévenus des délits de presse ou de parole, pourvus qu'ils soient domiciliés ; les prévenus de crimes y demeurent seuls soumis.

« Le droit de poursuivre devant la Cour d'assises n'appartient pas seulement au ministère public ; il est conféré, dans certains cas, à la partie lésée, à laquelle l'article 47 accorde le droit de citation directe. C'est là une dérogation au droit commun et même à toute la législation antérieure de la presse ; elle se justifie aisément ; les délits de presse sont déférés, par faveur, à la juridiction de la Cour d'assises : mais ils n'en constituent pas moins de simples délits, et il n'y avait pas de motif de priver le plaignant du droit de saisir lui-même la justice comme en matière correctionnelle. Cette faculté est attribuée expressément aux fonctionnaires publics et aux dépositaires ou agents de l'autorité publique autres que les ministres, aux ministres du culte, aux citoyens chargés d'un service ou d'un mandat public, aux jurés et aux témoins, et enfin aux chefs d'Etat et agents diplomatiques étrangers. Il ne pouvait être question de la conférer au chef de l'Etat, dont la dignité doit toujours être protégée par l'autorité publique.

« Le plaignant qui veut exercer l'action directe devant la Cour d'assises doit adresser une requête au magistrat désigné pour présider cette Cour. Le président fixe sur cette requête les jours et heures auxquels l'affaire sera appelée, en tenant compte des délais impartis par la loi entre la citation et la comparution. Il peut se faire qu'il soit saisi, à une époque trop tardive pour qu'il puisse indiquer un jour utile, et que la session doive être close, par suite de l'épuisement des affaires portées au rôle, avant l'expiration des délais prescrits pour la citation. Le président se bornera à constater l'impossibilité dans laquelle il se trouve de donner jour au plaignant, par suite de la tardivité de sa requête, et le renverra à se pourvoir ainsi qu'il avisera. Le plaignant n'aura qu'à attendre les prochaines assises, à moins qu'il ne préfère user du droit qui lui appartient de saisir toutes les autres assises compétentes, c'est-à-dire celles de tous les autres lieux dans lesquels l'imprimé poursuivi aura été publié.

« Il aura aussi la faculté de se pourvoir auprès du premier président pour provoquer une convocation d'assises extraordinaires ; mais il ne devra être déféré à cette requête que dans des cas tout à fait exceptionnels. La loi n'a pas voulu priver le plaignant devant la Cour d'assises de la faculté de citation qu'il avait devant le Tribunal correctionnel ; mais il serait excessif, pour lui procurer l'exercice souvent téméraire de ce droit, d'imposer légèrement aux jurés la fatigue et au Trésor les frais de la tenue d'assises extraordinaires.

« La loi n'impose pas au ministère public l'obligation d'adresser une requête au président pour la fixation du jour auquel seront portées à l'audience les affaires poursuivies à sa requête. Les rapports de ces magistrats entre eux rendaient cette formalité inutile. Il suffira donc que le ministère public se concerte, à cet effet, avec le président.

« La citation donnée au prévenu doit définir avec exactitude l'objet de la poursuite, de manière à le mettre en mesure de préparer tous les éléments de sa défense ; elle doit contenir, aux termes de l'article 50, l'indication précise des écrits ou autres imprimés, placards, dessins, gravures, peintures, médailles ou emblèmes, et des discours incriminés, avec la qualification des faits et l'indication des textes. C'est la reproduction presque textuelle de l'article 6 de la loi de 1819.

« Si la citation est à la requête du plaignant, elle doit, en outre, porter copie de l'ordonnance du président d'assises pour la fixation du jour ; elle doit contenir aussi une élection de domicile dans la ville où siège la Cour d'assises.

« Le délai entre la citation et la comparution en Cour d'assises est, en règle générale, de cinq jours francs, outre un jour par cinq myriamètres : il est étendu à douze jours en matière de diffamation. Cette prolongation du délai est nécessitée par les notifications qui doivent être nécessairement échangées pour la preuve, dans les cas où elle est admise.

« Le prévenu qui veut être admis à administrer la preuve des faits diffamatoires doit faire signifier, dans les cinq jours de la notification de la citation, au ministère public ou au plaignant, les faits dont il entend prouver la vérité, la copie des pièces et les noms, professions et demeures de ses témoins ; il doit faire, comme le plaignant, élection de domicile près la Cour d'assises. Dans les cinq jours suivants, le ministère public ou le plaignant doivent faire signifier de leur côté la copie des pièces et des noms, professions et demeures des témoins avec lesquels ils entendent faire la preuve contraire. Ces dispositions sont empruntées aux articles 21 et 22 de la loi du 26 mai 1819.

« Lorsque le ministère public prend la voie de l'information, il doit articuler et qualifier les faits, avec l'indication des textes, dans son réquisitoire introductif (art. 48). L'affaire doit suivre son cours selon les règles ordinaires, et être portée devant la chambre des mises en accusation.

« Une jurisprudence ancienne, formée sous l'empire des lois de 1819 et 1849, et confirmée sous celles de 1871 et 1875, avait décidé qu'il n'était pas nécessaire de rédiger un acte d'accusation, sauf pour le cas de crime, et qu'il n'y avait pas lieu de remplir, dans le cas de simples délits, les formalités établies par les articles 241 et 242 du Code d'instruction criminelle touchant la rédaction et la notification de cet acte. Cette décision doit encore être suivie aujourd'hui. Tous les articles qui supposent la détention préventive sont nécessairement inapplicables aux prévenus des délits de presse et de parole ; il en est ainsi notamment de l'interrogatoire prescrit par l'article 293, et, en général, de tous les articles du Code d'instruction criminelle, qui ne peuvent, d'après l'ensemble des dispositions de ce Code, trouver leur application qu'à l'égard des individus accusés de crimes et placés dans les liens d'une ordonnance de prise de corps.

« L'arrêt de renvoi devra être notifié, et la citation à comparaître devant la Cour d'assises devra être donnée en vertu de cet arrêt. Il conviendra d'ailleurs de se conformer, pour cette citation, aux prescriptions générales de l'article 50.

« Les dispositions des articles 51 à 53, relatifs aux délais de la citation et aux formes de la preuve, devront évidemment être observés, en cas de renvoi, en vertu de l'arrêt de la chambre d'accusation, aussi bien que dans le cas de citation directe.

« Les articles 54 et suivants ont pour but de déjouer les moyens dilatoires que le prévenu pourrait être tenté d'opposer à une poursuite dans laquelle la célérité est requise, en abusant des incidents ou du droit de faire défaut. Ces dispositions ne font d'ailleurs que reproduire, sauf quelques modifications, les dispositions des lois antérieures.

« Dès que le prévenu a assisté à l'appel des jurés, l'instance est liée contradictoire-
ment avec lui ; il ne peut plus faire défaut, quand même il se serait retiré pendant le
tirage au sort. L'arrêt rendu avec le concours du jury sera définitif.

« Les demandes en renvoi et tous les incidents sur la procédure devront être présentés avant l'appel des jurés.

« L'article 56 applique à l'arrêt par défaut qui est rendu sans l'assistance des jurés
les règles posées par l'article 187 pour les condamnations par défaut prononcées par
les tribunaux correctionnels.

« Si le prévenu ne comparaît pas, son opposition est réputée non avenue, et l'arrêt
par défaut devient définitif.

« L'article 58 consacre une dérogation importante à l'article 358 du Code d'instruction criminelle, aux termes duquel l'accusé acquitté peut être condamné à des dommages-intérêts envers la partie civile. La Cour n'aura pas cette faculté en matière de
délits de presse ; elle ne pourra statuer que sur les dommages-intérêts réclamés par le
prévenu, qui devra être renvoyé de la plainte sans dommages ni dépens.

« L'article 59 règle la formation des cours d'assises extraordinaires qu'il pourrait y
avoir lieu de convoquer exceptionnellement pour le jugement des poursuites urgentes
après la clôture de la session ordinaire. C'est la reproduction textuelle de l'article 22
de la loi de 1849. Ces Cours seront formées par une ordonnance du premier président.
Le président des dernières assises les présidera de droit. Le ministère public ne devra
évidemment provoquer la formation de ces assises que dans les cas d'absolue nécessité ;
il aura d'ailleurs d'autant moins l'occasion d'y recourir qu'il a, comme le plaignant, la
faculté d'exercer ses poursuites devant toutes les Cours compétentes à raison du
lieu du délit ; et qu'à défaut de celle du domicile, il pourra parfois porter l'affaire
dans telle autre où s'ouvrirait une session prochaine, sans préjudice sérieux pour les
personnes.

B. Police correctionnelle et simple police.

« La poursuite a lieu conformément au Code d'instruction criminelle. L'article 60
contient néanmoins quelques dispositions nouvelles. Le délai de la citation est réduit à
vingt-quatre heures, dans le cas de diffamation ou d'injure pendant la période électorale envers un candidat à une fonction élective. L'article étend à la matière correctionnelle l'obligation de préciser et qualifier les faits incriminés dans la citation et les ré-
quisitions à fin d'instruction. Enfin, il déroge à la règle d'après laquelle l'action publique, une fois mise en mouvement par la partie lésée, ne peut plus être arrêtée par le
désistement de la partie civile, ni même du ministère public. Le désistement du plaignant arrêtera la poursuite commencée.

C. Pourvois en cassation.

« L'article 61 dispense le prévenu et la partie civile qui se sont pourvus en cassation de la consignation de l'amende, et le prévenu de la mise en état que la jurisprudence lui imposait. L'article 62 fixe les délais dans lesquels le pourvoi doit être formé et
l'affaire jugée. »

XIV. RÉCIDIVE, CIRCONSTANCES ATTÉNUANTES, PRESCRIPTION.

Loi du 29 juillet 1881, chap. v, § 3.

ART. 63. L'aggravation des peines résultant de la récidive ne sera pas
applicable aux infractions prévues par la présente loi.

En cas de conviction de plusieurs crimes ou délits prévus par la présente loi, les peines ne se cumuleront pas et la plus forte sera seule prononcée.

ART. 64. L'article 463 du Code pénal est applicable dans tous les cas prévus par la présente loi. Lorsqu'il y aura lieu de faire cette application, la
peine prononcée ne pourra excéder la moitié de la peine édictée par la loi.

ART. 65. L'action publique et l'action civile résultant des crimes, délits et contraventions prévus par la présente loi, se prescriront après trois mois révolus, à compter du jour où ils auront été commis, ou du jour du dernier acte de poursuite, s'il en a été fait.

Les prescriptions commencées à l'époque de la publication de la présente loi, et pour lesquelles il faudrait encore, suivant les lois existantes, plus de trois mois à compter de la même époque, seront, par ce laps de trois mois, définitivement accomplies.

2° Circulaire du 9 novembre 1881.

« La loi de 1819 (Loi du 17 mai 1819, art. 25) avait rendu facultative, en matière de presse, l'aggravation des peines résultant de l'état de récidive. L'article 63 la supprime entièrement.

« Le deuxième paragraphe applique aux crimes et délits prévus par la loi les dispositions de l'article 365 du Code d'instruction criminelle, qui prohibent le cumul des peines.

« L'article 64 reproduit la disposition de l'article 23 de la loi du 27 juillet 1849, qui réglait l'effet de la déclaration des circonstances atténuantes en faveur des prévenus ; la peine prononcée ne pourra excéder la moitié de la peine édictée par la loi ; cette gradation des peines a paru être la conséquence nécessaire de l'attribution des délits de presse au jury.

» Dans le dernier état de la législation, la prescription en matière de presse était celle du droit commun ; d'après la législation de 1819, l'action publique se prescrivait par six mois, et l'action civile par trois ans. La loi nouvelle assigne la même durée à l'action publique et à l'action civile, et la limite à trois mois. »

XV. ABROGATION DE LA LÉGISLATION ANTÉRIEURE.

Loi du 29 juillet 1881.

ART. 68 [1]. Sont abrogés : les édits, lois, décrets, ordonnances, arrêtés, règlements, déclarations généralement quelconques, relatifs à l'imprimerie, à la librairie, à la presse périodique ou non périodique, au colportage, à l'affichage, à la vente sur la voie publique, et aux crimes et délits prévus par les lois sur la presse et les autres moyens de publication, sans que puissent revivre les dispositions abrogées par les lois antérieures.

Est également abrogé le second paragraphe de l'article 31 de la loi du 10 août 1871 sur les conseils généraux, relatif à l'appréciation de leurs discussions par les journaux [2].

2° Circulaire du 9 novembre 1881.

« La loi nouvelle abroge toute la législation antérieure sur la presse, édits, lois, décrets, ordonnances, arrêtés, règlements, déclarations quelconques, relatifs à l'imprimerie, à la librairie, à la presse périodique et non périodique, au colportage, à l'affichage, à la vente sur la voie publique, et aux crimes et délits prévus par les lois sur la presse et les autres moyens de publication (art. 68). Voici la liste des principaux délits abrogés :

1. L'article 66 accordait un délai de quinzaine aux gérants et propriétaires de journaux existant au jour de la promulgation de la loi pour se conformer aux prescriptions des articles 7 et 8. L'article 67 réglait le remboursement des cautionnements précédemment versés pour les journaux ou écrits périodiques.

2. L'article 69 déclare la loi applicable à l'Algérie et aux colonies. L'article 70 accordait amnistie pour tous les crimes et délits commis antérieurement au 16 février 1881 par la voie de la presse.

1° Attaques contre la Constitution, le principe de la souveraineté du peuple et du suffrage universel (art. 1er du décret du 11 août 1848);

2° Attaques contre le respect dû aux lois et à l'inviolabilité des droits qu'elles ont consacrés (art. 3 de la loi du 27 juillet 1849);

3° Attaques contre la liberté des cultes, le principe de la propriété et les droits de la famille (art. 3 du décret du 11 août 1848):

4° Provocations à la désobéissance aux lois (art. 6 de la loi du 17 mai 1819);

5° Excitation à la haine et au mépris du gouvernement (art. 4 du décret du 11 août 1848);

6° Excitation à la haine et au mépris des citoyens (art. 7 du décret du 11 août 1848):

7° Enlèvement ou dégradation des signes publics de l'autorité, en haine ou au mépris de cette autorité (art. 6 du décret du 11 août 1848);

8° Port public de signes de ralliement non autorisés (même article);

9° Exposition publique, distribution ou mise en vente de signes ou symboles séditieux (même article);

10° Apologie de faits qualifiés crimes ou délits (art. 3 de la loi du 27 juillet 1849):

11° Provocation aux crimes ou délits non suivie d'effet, en dehors des cas réservés par les articles 24 et 25 (art. 2 de la loi du 17 mai 1819);

12° Outrage à la morale publique et religieuse (art. 8 de la loi du 17 mai 1819);

13° Outrage à une religion reconnue par l'Etat (art. 1er de la loi du 25 mars 1822);

14° Offense envers les Chambres (art. 11 de la loi du 17 mai 1819, et 2 du décret du 11 août 1848);

15° Infidélité et mauvaise foi dans les comptes rendus des séances des Chambres et des Tribunaux (art. 16 de la loi du 25 mars 1822);

16° Appréciation des discussions des conseils généraux sans la reproduction des comptes rendus y afférents (art. 31, §§ 2 et 3, de la loi du 10 août 1871);

17° Publication d'articles politiques ou d'économie sociale, émanant d'individus condamnés à une peine afflictive ou infamante (art. 21 du décret du 17 février 1852);

18° Publication des faits relatifs à la vie privée (art. 11 de la loi du 11 mai 1868. »

XVI. LOIS SPÉCIALES ENCORE EN VIGUEUR. — RÉSUMÉ.

Circulaire du 9 novembre 1881.

« En résumé, tous les crimes ou délits prévus par les lois spéciales, dites de presse, qui n'ont pas trouvé place dans la loi actuelle, sont abrogés, sans exception.

« Mais les lois de presse ne contiennent pas tous les délits de publication ; il en est en petit nombre qui sont prévus par des lois spéciales.

« Ces délits n'entrent pas dans les prévisions de la présente loi et doivent être considérés comme maintenus, à moins qu'ils ne se relient à ceux qui ont été abrogés d'une manière si étroite qu'ils ne puissent en être séparés. C'est ce que l'article 68 exprime très clairement, lorsqu'il vise limitativement les crimes et délits *prévus par les lois sur la presse et les autres moyens de publication.* La loi nous donne d'ailleurs elle-même deux exemples de cette distinction essentielle. Elle rappelle incidemment, à l'article 43, comme étant toujours en vigueur, l'article 6 de la loi du 7 juin 1848, qui punit les provocations publiques à des attroupements par des discours ou des imprimés, parce qu'il s'agit là d'une loi qui, n'ayant nullement la presse pour objet, demeure en vigueur dans toutes ses dispositions. De même, l'article 68 abroge, par une disposition spéciale, l'article 31 de la loi du 10 août 1871, qui interdit aux journaux d'apprécier la discussion des conseils généraux sans reproduire en même temps la portion du compte rendu y afférente, parce que cette disposition, figurant dans une loi sur les conseils généraux, ne rentrait pas dans l'abrogation générale édictée par cet article.

« Le projet de loi présenté primitivement à la Chambre des députés contenait, dans son article 2, une énumération de certains délits qui étaient expressément réservés. Cette énumération a été supprimée comme inutile et dangereuse; elle aurait pu faire considérer comme abrogées des dispositions de lois spéciales qu'il ne serait nullement entré dans la pensée du législateur de supprimer.

« Parmi les dispositions qui doivent être incontestablement considérées comme maintenues, figurent en première ligne les délits prévus par les articles 222 à 227, 201 à

206, 260 à 264, 419 à 420 du Code pénal ; ils étaient d'ailleurs tous visés dans l'énumération du projet primitif.

« Les articles 222 à 227 sont relatifs aux outrages par paroles, par écrits ou dessins
non rendus publics, envers les dépositaires de l'autorité et de la force publique. Le
doute pouvait d'autant moins exister en ce qui concerne ces délits que la publicité n'est
pas un de leurs éléments constitutifs, et qu'ils ont toujours trouvé une application dis-
tincte de celle des outrages prévus par la législation antérieure sur la presse.

« Les articles 201 à 206 sont relatifs aux critiques, censures ou provocations dirigées
par paroles ou par écrit, par les ministres des cultes, contre l'autorité publique. Ces
délits, qui constituent bien des délits de publication, sont néanmoins maintenus ; ils
sont entièrement étrangers à la matière de la presse et sont classés sous la rubrique
des abus d'autorité : ils ont été d'ailleurs expressément réservés au cours de la discussion, comme ils l'étaient dans l'article 2 du projet.

« Il en est de même des articles 260 à 264, qui prévoient les entraves apportées
par les particuliers au libre exercice des cultes, et les outrages contre les objets de ces
cultes ; — des articles 419 et 420, qui punissent les fausses nouvelles à l'aide desquelles on a opéré la hausse ou la baisse des marchandises ou effets publics ; — des
délits spéciaux prévus par les lois électorales, outrages envers les bureaux électoraux
ou l'un de leurs membres ; fausses nouvelles ayant surpris ou détourné des suffrages
ou déterminé des abstentions (art. 45 et 46 du décret du 2 février 1852); — des annonces ou affiches de remèdes secrets (art. 36 de la loi du 21 germinal an XI); — de
la distribution de billets de loteries non autorisées (art. 4 de la loi du 21 mai 1836).

« Les délits ainsi maintenus comme se rattachant à des lois spéciales échappent entièrement aux prévisions de la loi nouvelle et demeurent, en conséquence, soumis aux
juridictions de droit commun.

« L'abrogation générale de l'article 68 ne porte pas davantage atteinte aux lois qui
régissent la propriété littéraire, artistique ou industrielle, non plus qu'aux nombreuses
dispositions des lois fiscales concernant l'imprimerie et la presse.

« Telle est, Monsieur le procureur général, l'économie générale de la loi qui est aujourd'hui le code unique de la presse.

« Le gouvernement en avait, en quelque sorte, devancé l'application en répudiant
depuis longtemps la plupart des délits qu'elle a abrogés.

« Vous n'exerciez de poursuites de presse que lorsqu'elles vous paraissaient récla-
mées par un sérieux intérêt. Vous observerez encore la même réserve.

« La loi a affranchi de toutes les mesures préventives l'imprimerie et la presse : elle
n'a maintenu que quelques formalités dont le but unique est d'assurer la responsabilité
des écrits délictueux, soit au regard de l'action publique, soit au regard des tiers. Ces
formalités sont en assez petit nombre, elles sont assez peu coûteuses, assez faciles à
remplir pour qu'elles doivent être exécutées rigoureusement : vous tiendrez la main à
leur entier accomplissement. Vous pourrez adresser officieusement aux contrevenants,
lorsque vous le jugerez convenable, un avis préalable ; mais vous n'hésiterez pas ensuite à les déférer aux tribunaux.

« Vous poursuivrez rigoureusement toutes les contraventions de simple police et
même toutes les infractions qui, bien que déférées aux tribunaux correctionnels, ont
surtout un caractère contraventionnel.

« En ce qui concerne les délits proprement dits, vous aurez à apprécier, dans chaque
cas particulier, l'intention, le préjudice, l'intérêt public en jeu. Vous m'en référerez,
comme par le passé, chaque fois que l'affaire l'exigera, sauf à commencer les poursuites dans le cas d'urgence.

« Vous pèserez les poursuites avec calme et maturité ; mais, lorsqu'elles seront ré-
solues, vous devrez les conduire avec la plus grande célérité possible. Vous prendrez
la voie rapide de la citation directe toutes les fois qu'une information préalable ne
sera pas nécessaire.

« Vous continuerez, au surplus, à me consulter dans tous les cas douteux, soit
quant à l'opportunité, soit quant aux questions de procédure ou de compétence.

« Je ne puis que vous recommander, dans cette epreuve d'une loi nouvelle, la
conciliation des devoirs de modération et de prudence dont vous vous êtes inspiré
jusqu'ici, avec la protection qui est due aux grands intérêts dont vous avez la garde.»

RÉSUMÉ DE LA LÉGISLATION

RELATIVE AUX DROITS

DE PROPRIÉTÉ LITTÉRAIRE ET ARTISTIQUE [1]

LÉGISLATION FRANÇAISE [2]

La législation de la propriété littéraire et artistique comprend, en France, deux droits distincts : 1° le droit de reproduction des œuvres littéraires, des compositions musicales et des objets d'art ; 2° le droit de représentation et d'exécution des œuvres dramatiques et des compositions musicales. La nature et l'étendue de ces droits sont définies par plusieurs lois et règlements et par diverses dispositions des codes français. La durée de ces droits repose sur la tête des auteurs, compositeurs ou artistes, et se prolonge cinquante ans après leur décès ; mais le droit de jouissance peut se modifier suivant les cessions totales ou partielles faites à des tiers par l'auteur ou ses représentants.

Cette législation est également exécutoire en Algérie et dans les colonies françaises [3].

Droit de reproduction des œuvres littéraires, des compositions musicales et des objets d'art.

La durée des droits des auteurs, compositeurs ou artistes sur la reproduction de leurs œuvres s'étend jusqu'à cinquante ans après leur décès. *(Loi du 14 juillet 1866, art. 1er* [4].*)*

Après la mort de l'auteur, le conjoint survivant, quel que soit le régime matrimonial et indépendamment des droits qui peuvent résulter en faveur de ce conjoint du régime de la communauté, a la jouissance usufruitière des droits dont l'auteur prédécédé n'a pas disposé par acte entre-vifs ou par testament.

Cette jouissance n'a pas lieu lorsqu'il existe, au moment du décès, une séparation de corps prononcée contre ce conjoint ; elle cesse au cas où le conjoint contracte un nouveau mariage.

1. Le *Cercle de la Librairie* prépare un recueil complet des textes relatifs aux droits de propriété littéraire et artistique dans les divers pays qui ont à cet égard une législation intérieure spéciale : ce recueil sera accompagné des textes *in extenso* des différentes conventions internationales conclues par la France pour la garantie des droits des auteurs et des artistes. L'ouvrage paraîtra au commencement de 1888.

2. Ce résumé de la législation française est emprunté, en grande partie, à l'ouvrage qu'avait publié M. Jules Delalain sur cette matière.

3. Décret du 29 octobre 1887.

4. Aucune exception n'est faite pour les auteurs d'œuvres *anonymes* ou *pseudonymes*. C'est l'*éditeur* qui est réputé, à l'égard de tiers en être l'auteur. Voir d'ailleurs l'article 11, § 2, de la Convention de Berne, signée par la France (p. 42).

Si l'auteur laisse des héritiers à réserve, cette jouissance usufruitière est réduite au profit de ces héritiers suivant les proportions et distinctions établies par le Code civil.

Les droits des héritiers, pendant cette période de cinquante ans, restent d'ailleurs réglés conformément aux prescriptions du Code civil.

Lorsque la succession est dévolue à l'État, le droit exclusif s'éteint sans préjudice des droits des créanciers et de l'exécution des traités de cession qui ont pu être consentis par l'auteur ou ses représentants. (*Loi du 14 juillet 1866, art. 1er, § 6.*)

Les auteurs, compositeurs ou artistes peuvent jouir et disposer de leurs droits de propriété de la manière la plus absolue; ils sont libres de les céder à des tiers, en tout ou en partie, pour tout le temps que la loi garantit ou garantira ces droits : la durée du droit de propriété n'en continue pas moins de reposer sur leur tête. (*Code civil, art. 544; loi du 19 juillet 1793.*)

Les auteurs ont un droit absolu de propriété qui ne permet pas que des traductions littérales, en un autre idiome que celui de l'édition originale, puissent être faites sans leur autorisation ou celle de leurs ayants droit, sauf les exceptions admises par les conventions internationales. (*Code civil, art. 544; arrêt de la Cour de cassation du 12 janvier 1853.*)

Les propriétaires d'ouvrages posthumes ont les mêmes droits que les auteurs, et les dispositions des lois sur la propriété exclusive des auteurs et sur sa durée leur sont applicables, à condition toutefois d'imprimer séparément ces œuvres posthumes. (*Décret du 1er germinal an XIII; loi du 14 juillet 1866, art. 1er.*)

Pour être admis en justice à poursuivre les contrefaçons, les auteurs français et étrangers, ou leurs représentants, doivent avoir effectué le dépôt de deux exemplaires de leurs ouvrages au ministère de l'intérieur, à Paris, ou aux préfectures, sous-préfectures ou mairies dans les départements[1]. Sont dispensés de cette formalité, pour les publications faites en pays étrangers, les auteurs des États avec lesquels ont été signées des conventions qui ne portent pas l'obligation d'un dépôt ou d'un enregistrement; mais ils doivent remplir les prescriptions que peuvent renfermer ces conventions. (*Lois des 19 juillet 1793 et 29 juillet 1881, art. 3; décret du 28 mars 1852; Conventions internationales; Convention de Berne.*)

Ces diverses dispositions sont également applicables aux œuvres artistiques, aux planches gravées, aux lithographies, aux photographies, aux dessins et peintures à la main, aux beaux-arts. (*Lois des 19 juillet 1793, 8 avril 1854 et 14 juillet 1866.*)

L'obligation du dépôt n'existe que pour les œuvres artistiques reproduites par la gravure, la lithographie, la photographie, etc.; trois épreuves de chaque planche doivent être déposées : les dessins et tableaux et les œuvres d'art et de sculpture sont naturellement exempts de cette formalité. (*Loi du 19 juillet 1793; loi du 29 juillet 1881, art. 4[1].*)

---

1. Voir les prescriptions relatives à ce dépôt. p. 6-7.

Les droits des auteurs et des artistes étrangers sont réglés par la législation française seule, lorsque la publication a eu lieu originairement en France, et par la loi française combinée avec les conventions internationales et les législations des pays d'origine, lorsque la première publication a eu lieu en pays étranger.

Les auteurs et les artistes étrangers dont les œuvres ont été publiées originairement en France peuvent seuls jouir, en pays étranger, du bénéfice des conventions internationales conclues par la France avec les divers États étrangers. (*Décret-loi du 28 mars 1852; Conventions internationales; Convention de Berne, art. 3.*)

Droit de représentation et d'exécution des œuvres dramatiques et des compositions musicales.

La durée des droits des auteurs ou compositeurs pour l'exécution ou la représentation de leurs œuvres et les conditions de jouissance de ces droits sont les mêmes que celles édictées par la loi pour la reproduction de ces œuvres. (*Lois des 13 janvier et 19 juillet 1791, 8 juin 1806 et 14 juillet 1866, art. 1er.*)

Aucune représentation et exécution totale ou partielle des œuvres dramatiques et des compositions musicales ne peut avoir lieu que du consentement formel et par écrit des auteurs ou de leurs représentants. (*Lois des 13 janvier et 19 juillet 1791 ; arrêt de Cour, 11 avril 1853.*)

L'obligation du dépôt prescrit aux auteurs dramatiques et aux compositeurs de musique pour la protection du droit de reproduction de leurs œuvres n'existe pas pour le droit de représentation et d'exécution. (*Lois des 13 janvier et 19 juillet 1791 ; arrêt de Cour, 7 janvier 1852.*)

Les auteurs d'œuvres dramatiques et de compositions musicales représentées et exécutées originairement en pays étrangers ne peuvent prétendre en France au droit exclusif de représentation et d'exécution qu'autant que ce droit leur est reconnu par des conventions internationales. (*Arrêt de la Cour de cassation, 14 décembre 1857 : Convention de Berne.*)

Les auteurs français et étrangers d'œuvres dramatiques et de compositions musicales représentées et exécutées originairement en France peuvent seuls jouir, en pays étrangers, du bénéfice des conventions internationales conclues par la France.

DROIT INTERNATIONAL [1]

1° CONVENTION DE BERNE

Au point de vue du droit international en matière de propriété littéraire et artistique, l'acte le plus important aujourd'hui est la convention signée le 9 septembre 1886 à Berne, et ratifiée le 5 septembre 1887 [2]

---

1. Nous devons ici remercier l'Administration des affaires étrangères, qui a mis la plus grande obligeance à nous aider à compléter les renseignements que nous donnons.— P. D.

2. Cette convention a été promulguée en France le 12 septembre 1887 : elle est entrée en vigueur le 5 *décembre* 1887.

par les neuf pays suivants, qui se sont constitués à l'état d'Union pour la protection des droits des auteurs sur leurs œuvres littéraires et artistiques :

1° Allemagne [1];
2° Belgique;
3° Espagne;
4° France;
5° Grande-Bretagne;

6° Haïti;
7° Italie;
8° Suisse;
9° Tunisie [2].

Voici le texte de la convention de Berne :

ARTICLE PREMIER. — Les pays contractants sont constitués à l'état d'**Union pour la protection des droits des auteurs sur leurs œuvres littéraires et artistiques.**

Étendue et durée des droits.

ART. 2. — Les auteurs ressortissant à l'un des pays de l'Union, ou leurs ayants cause, jouissent, dans les autres pays, pour leurs œuvres, soit publiées dans un de ces pays, soit non publiées, des droits que les lois respectives accordent actuellement ou accorderont par la suite aux nationaux [3].

[1]. L'*Allemagne* comprend les divers États qui font partie de l'*Empire allemand* : 1° royaume de *Prusse;* 2° royaume de *Bavière;* 3° royaume de *Saxe;* 4° royaume de *Wurtemberg;* 5° grand-duché de *Bade;* 6° grand-duché de *Hesse;* 7° grand-duché de *Mecklembourg-Schwerin;* 8° grand-duché de *Mecklembourg-Strélitz;* 9° grand-duché de *Saxe-Weimar;* 10° grand-duché d'*Oldenbourg;* 11° duché de *Brunswick;* 12° duché de *Saxe-Meiningen;* 13° duché de *Saxe-Altenbourg;* 14° duché de *Saxe-Cobourg-Gotha;* 15° duché d'*Anhalt;* 16° principauté de *Schwarzbourg-Rudolstadt;* 17° principauté de *Schwarzbourg-Sondershausen;* 18° principauté de *Waldeck;* 19° principauté de *Reuss* (ligne aînée); 20° principauté de *Reuss* (ligne cadette); 21° principauté de *Schaumbourg-Lippe;* 22° principauté de *Lippe-Detmold;* 23° *Lubeck;* 24° *Brême;* 25° *Hambourg;* 26° *Alsace-Lorraine.*

[2]. La république de Libéria (Afrique) avait adhéré, en 1886, à la Convention de Berne; mais elle est le seul des États contractants qui n'ait pas été représenté à Berne, lors de l'échange des ratifications. Tant que cette République n'aura pas envoyé à Berne sa ratification, elle ne fera pas partie de l'Union.

[3]. Voici quelle est actuellement la législation intérieure des neuf pays contractants, en ce qui concerne la durée de jouissance des droits reconnus aux auteurs et à leurs ayants cause :

ALLEMAGNE. — La protection contre la contrefaçon est garantie à l'auteur *pendant sa vie et trente ans après sa mort* (Loi du 11 juin 1870, I. Œuvres écrites, § 8); mise en vigueur dans l'*Empire d'Allemagne* (voir ci-dessus, note 1) le 1er janvier 1871, elle n'a été toutefois promulguée en *Bavière,* comme loi d'empire, que le 22 avril 1871, et en *Alsace-Lorraine* que le 27 janvier 1873. — Un ouvrage écrit, publié sous un autre nom que le nom véritable de l'auteur ou publié sans nom d'auteur (*ouvrage pseudonyme* ou *anonyme*) jouit de la protection contre la contrefaçon *pendant trente ans à partir de la première édition.* (*Ibid.*, § 11.) — Les ouvrages parus aussitôt après la mort de l'auteur (*posthumes*) jouissent de la protection contre la contrefaçon *pendant trente ans à partir de la mort de l'auteur.* (*Ibid.*, § 12.) — Les académies, universités, autrement dit les personnes civiles, les établissements publics d'enseignement, ainsi que les sociétés savantes et autres, jouissent, relativement aux ouvrages édités par eux, d'une protection de *trente ans à partir de la première édition.* (*Ibid.*, § 13.) — La loi du 9 janvier 1876, § 9, protège les *œuvres d'art* pendant trente ans après la mort de l'artiste; sont toutefois exceptées les photographies.

BELGIQUE. — La durée du droit de propriété littéraire et artistique s'étend à *cinquante ans après la mort de l'auteur.* (Loi du 22 mars 1886, art. 2.) — Toutefois les propriétaires d'un *ouvrage posthume* ne jouissent du droit d'auteur que pendant cinquante ans à partir du jour où il est publié, représenté, exécuté ou exposé (*Ibid.*, art. 4); des formalités sont prescrites, à peine de déchéance, pour constater la date à partir de laquelle le terme de cinquante ans prendra cours. — L'*éditeur* d'un ouvrage *anonyme* ou *pseudonyme* est réputé, à l'égard des tiers, en être l'auteur; dès que celui-ci se fait connaître, il reprend l'exercice de son droit. (*Ibid.*, art. 7.)

ESPAGNE. — La durée du droit de propriété littéraire et artistique s'étend à *quatre-*

La jouissance de ces droits est subordonnée à l'accomplissement des conditions et formalités prescrites par la législation du pays d'origine de l'œuvre ; elle ne peut excéder, dans les autres pays, la durée de la protection accordée dans ledit pays d'origine.

Est considéré comme pays d'origine de l'œuvre celui de la première publication, ou, si cette publication a lieu simultanément dans plusieurs pays de l'Union, celui d'entre eux dont la législation accorde la durée de protection la plus courte.

Pour les œuvres non publiées, le pays auquel appartient l'auteur est considéré comme pays d'origine de l'œuvre.

Art. 3. — Les stipulations de la présente Convention s'appliquent également aux éditeurs d'œuvres littéraires et artistiques publiées dans un des pays de l'Union, et dont l'auteur appartient à un pays qui n'en fait pas partie.

Art. 4. — L'expression « œuvres littéraires et artistiques » comprend les livres, brochures ou tous autres écrits ; les œuvres dramatiques ou dramatico-musicales, les compositions musicales avec ou sans paroles ; les œuvres de dessin, de peinture, de

vingt ans après la mort de l'auteur. (Loi du 10 janvier 1879, art. 6.) — Les éditeurs d'œuvres *anonymes* ou *pseudonymes* ont, à l'égard de ces œuvres, les mêmes droits que les auteurs ou traducteurs sur leurs œuvres propres, à moins qu'il ne soit prouvé dans la forme légale quel est l'auteur ou le traducteur omis ou caché. (*Ibid.,* art. 26.)

France. — La durée du droit de propriété littéraire et artistique s'étend à *cinquante ans après la mort de l'auteur.* (Loi du 14 juillet 1866, art. 1er, § 1er.) *Voir,* page 36, le résumé de la législation française.

Grande-Bretagne. — Les droits de l'auteur, *pour les œuvres littéraires et musicales,* durent *la vie de l'auteur, plus sept ans après sa mort ;* toutefois, si ces sept années expirent avant le terme de *quarante-deux ans écoulés depuis la première publication de l'ouvrage,* les droits sont prolongés jusqu'à l'expiration de ladite période de quarante-deux ans. (Loi du 1er juillet 1842, III.) Mais, par exception, les œuvres de sculpture ne sont protégées que durant les *vingt-huit ans* qui suivent leur publication, si l'auteur vit ; et, s'il meurt, la protection ne dure que *quatorze ans* à partir de la première publication. (Loi du 18 mai 1844, II.) Par exception également, les œuvres de peinture, dessin ou photographie ne sont protégées au profit des ayants-cause que *sept ans* après la mort de l'auteur. (Loi du 29 juillet 1862, I.)

Haïti. — Le droit de propriété sur les œuvres littéraires et artistiques, garanti aux auteurs durant leur vie, s'étend à leurs veuves durant leur vie, puis se transmet aux enfants pendant vingt ans, et dans le cas où il n'y aurait pas d'enfants, pendant dix ans, aux autres héritiers ou propriétaires. Les propriétaires d'ouvrages posthumes sont assimilés aux auteurs. (Loi du 8 octobre 1885, art. 4, 5, 6.)

Italie. — L'exercice du droit de reproduction et de vente est exclusivement réservé à *l'auteur sa vie durant.* Si l'auteur cesse de vivre *avant l'expiration d'une période de quarante années à partir de la publication de l'œuvre,* le même droit exclusif est continué à ses héritiers ou ses ayants-cause jusqu'à l'expiration de ce terme. Cette première période écoulée, dans l'un et l'autre cas ci-dessus indiqués, commence une *seconde période de quarante années,* durant laquelle l'œuvre peut être reproduite et vendue, sans le consentement spécial de celui auquel le droit d'auteur appartient, à la condition de lui payer une redevance de 5 pour 100 sur le prix brut, qui devra être porté sur chaque exemplaire et déclaré dans la forme prescrite par la loi. (Loi du 19 septembre 1882, art. 8 et 9.) — Le droit exclusif de représentation et d'exécution d'une œuvre destinée à un spectacle public, d'une action chorégraphique ou de n'importe quelle composition musicale, dure, pour l'auteur ou ses ayants-cause, *quatre-vingts ans à partir du jour où a eu lieu la première représentation ou la première publication* de l'œuvre. (*Ibid.,* art. 10.) — La durée de la jouissance du droit exclusif de reproduction est réduite à *vingt ans à compter de la publication :* 1° pour les œuvres publiées à leurs frais et pour leur compte par l'État, les provinces et les communes ; 2° pour les collections d'actes ou pour les autres publications faites par les académies ou autres sociétés semblables, scientifiques, littéraires ou artistiques. (*Ibid.,* art. 11.)

Suisse. — Le droit de propriété littéraire ou artistique dure *pendant la vie de l'auteur et pendant trente années à partir du jour de son décès.* (Loi du 23 avril 1883, art. 2.) — S'il s'agit d'une *œuvre posthume* ou d'une œuvre publiée par une personne juridique ou par une société, le droit est fixé à *trente années à partir du jour de la publication* (*Ibid.,* art. 2, § 2) ; mais les œuvres de ce genre doivent être inscrites dans les trois mois qui suivent leur publication au département fédéral du commerce. (*Ibid.,* art. 3.)

Tunisie. — La Tunisie réforme en ce moment sa législation relative à la propriété littéraire et artistique.

sculpture, de gravure ; les lithographies [1], les illustrations, les cartes géographiques, les plans, croquis et ouvrages plastiques, relatifs à la géographie, à la topographie, à l'architecture ou aux sciences en général ; enfin, toute production quelconque du domaine littéraire, scientifique ou artistique, qui pourrait être publiée par n'importe quel mode d'impression ou de reproduction.

Traductions.

ART. 5.—Les auteurs ressortissant à l'un des pays de l'Union, ou leurs ayants cause, jouissent, dans les autres pays, du droit exclusif de faire ou d'autoriser la traduction de leurs ouvrages jusqu'à l'expiration de dix années, à partir de la publication de l'œuvre originale dans l'un des pays de l'Union [2].

Pour les ouvrages publiés par livraisons, le délai de dix années ne compte qu'à dater de la publication de la dernière livraison de l'œuvre originale.

Pour les œuvres composées de plusieurs volumes publiés par intervalles, ainsi que pour les bulletins ou cahiers publiés par des Sociétés littéraires ou savantes ou par des particuliers, chaque volume, bulletin ou cahier est, en ce qui concerne le délai de dix années, considéré comme ouvrage séparé.

Dans les cas prévus au présent article, est admis comme date de publication, pour le calcul des délais de protection, le 31 *décembre de l'année* dans laquelle l'ouvrage a été publié.

ART. 6. — Les traductions licites sont protégées comme des ouvrages originaux. Elles jouissent, en conséquence, de la protection stipulée aux articles 2 et 3 en ce qui concerne leur reproduction non autorisée dans les pays de l'Union.

Il est entendu que, s'il s'agit d'une œuvre pour laquelle le droit de traduction est dans le domaine public, le traducteur ne peut pas s'opposer à ce que la même œuvre soit traduite par d'autres écrivains.

Articles de journaux ou de recueils périodiques.

ART. 7. — Les articles de journaux ou de recueils périodiques publiés dans l'un des pays de l'Union peuvent être reproduits, en original ou en traduction, dans les autres pays de l'Union, à moins que les auteurs ou éditeurs ne l'aient expressément interdit. Pour les recueils, il peut suffire que l'interdiction soit faite d'une manière générale en tête de chaque numéro du recueil.

En aucun cas, cette interdiction ne peut s'appliquer aux articles de discussion politique ou à la reproduction des nouvelles du jour et des *faits divers*.

Chrestomathies.

ART. 8. — En ce qui concerne la faculté de faire licitement des emprunts à des œuvres littéraires ou artistiques pour des publications destinées à l'enseignement ou ayant un caractère scientifique, ou pour des chrestomathies, est réservé l'effet de la législation des pays de l'Union et des arrangements particuliers existants ou à conclure entre eux [3].

Œuvres dramatiques et dramatico-musicales.

ART. 9. — Les stipulations de l'article 2 s'appliquent à la représentation publique

---

1. Pour les *photographies*, voir, p. 44, *Protocole de clôture*, § 1er.
2. La Convention de Berne a supprimé la nécessité de la mention de la réserve du droit de traduction sur le titre de l'ouvrage. Néanmoins, comme de trop nombreux États restent encore en dehors de ladite Convention, les auteurs et éditeurs ne doivent pas oublier de maintenir sur le titre de l'ouvrage la formule : *Tous droits réservés* ou *Droit de traduction réservé* pour sauvegarder ce droit dans les pays qui, sans avoir accédé à la Convention de Berne, reconnaissent, par des conventions particulières, les droits des auteurs et des artistes. Pour les romans-feuilletons et les articles de journaux, la formule serait : *Droits de reproduction et de traduction réservés*; pour les œuvres dramatiques et lyriques : *Droits de reproduction, de traduction et de représentation réservés*.
3. Voir, p. 45, le résumé des conventions particulières conclues par la France.

des œuvres dramatiques ou dramatico-musicales[1], que ces œuvres soient publiées ou non.

Les auteurs d'œuvres dramatiques ou oramatico-musicales, ou leurs ayants cause sont, pendant la durée de leur droit exclusif de traduction, réciproquement protégés contre la représentation publique non autorisée de la traduction de leurs ouvrages.

Les stipulations de l'article 2 s'appliquent également à l'exécution publique des œuvres musicales non publiées ou de celles qui ont été publiées, mais dont l'auteur a expressément déclaré sur le titre ou en tête de l'ouvrage qu'il en interdit l'exécution publique.

Adaptations, Arrangements de musique, etc.

ART. 10.—Sont spécialement comprises parmi les reproductions illicites auxquelles s'applique la présente Convention, les appropriations indirectes non autorisées d'un ouvrage littéraire ou artistique, désignées sous des noms divers, tels que : *adaptations, arrangements de musique*, etc., lorsqu'elles ne sont que la reproduction d'un tel ouvrage, dans la même forme ou sous une autre forme, avec des changements, additions ou retranchements, non essentiels, sans présenter d'ailleurs le caractère d'une nouvelle œuvre originale.

Il est entendu que, dans l'application du présent article, les tribunaux des divers pays de l'Union tiendront compte, s'il y a lieu, des réserves de leurs lois respectives.

Constatation du droit.

ART. 11. — Pour que les auteurs des ouvrages protégés par la présente Convention soient, jusqu'à preuve contraire, considérés comme tels et admis, en conséquence, devant les tribunaux des divers pays de l'Union à exercer des poursuites contre les contrefaçons, il suffit que leur nom soit indiqué sur l'ouvrage en la manière usitée.

Pour les œuvres anonymes et pseudonymes, l'éditeur dont le nom est indiqué sur l'ouvrage est fondé à sauvegarder les droits appartenant à l'auteur. Il est, sans autres preuves, réputé ayant cause de l'auteur anonyme ou pseudonyme.

Il est entendu, toutefois, que les tribunaux peuvent exiger, le cas échéant, la production d'un certificat délivré par l'autorité compétente, constatant que les formalités prescrites, dans le sens de l'article 2, par la législation du pays d'origine ont été remplies.

Saisie des contrefaçons.

ART. 12. — Toute œuvre contrefaite peut être saisie à l'importation dans ceux des pays de l'Union où l'œuvre originale a droit à la protection légale.

La saisie a lieu conformément à la législation intérieure de chaque pays.

Dispositions diverses.

ART. 13. — Il est entendu que les dispositions de la présente Convention ne peuvent porter préjudice, en quoi que ce soit, au droit qui appartient au Gouvernement de chacun des pays de l'Union de permettre, de surveiller, d'interdire, par des mesures de législation ou de police intérieure, la circulation, la représentation, l'exposition de tout ouvrage ou production à l'égard desquels l'autorité compétente aurait à exercer ce droit

ART. 14. — La présente Convention, sous les réserves et conditions à déterminer d'un commun accord, s'applique à toutes les œuvres qui, au moment de son entrée en vigueur, ne sont pas encore tombées dans le domaine public dans leur pays d'origine.

ART. 15. — Il est entendu que les Gouvernements des pays de l'Union se réservent respectivement le droit de prendre séparément, entre eux, des arrangements particuliers, en tant que ces arrangements conféreraient aux auteurs ou à leurs ayants cause des droits plus étendus que ceux accordés par l'Union, ou qu'ils renfermeraient d'autres stipulations non contraires à la présente Convention.

---

1. Voir p. 44, le *Protocole de clôture*, § 2, qui vise les *œuvres chorégraphiques*.

Art. 16. — Un office international est institué sous le nom de *Bureau de l'Union internationale pour la protection des œuvres littéraires et artistiques.*

Ce Bureau, dont les frais sont supportés par les Administrations de tous les pays de l'Union, est placé sous la haute autorité de l'Administration supérieure de la Confédération suisse, et fonctionne sous sa surveillance. Les attributions en sont déterminées d'un commun accord entre les pays de l'Union.

Art. 17. — La présente Convention peut être soumise à des révisions en vue d'y introduire les améliorations de nature à perfectionner le système de l'Union.

Les questions de cette nature, ainsi que celles qui intéressent à d'autres points de vue le développement de l'Union, seront traitées dans des Conférences qui auront lieu successivement dans les pays de l'Union entre les délégués des dits pays.

Il est entendu qu'aucun changement à la présente Convention ne sera valable pour l'Union que moyennant l'assentiment unanime des pays qui la composent.

Art. 18. — Les pays qui n'ont pas pris part à la présente Convention et qui assurent chez eux la protection légale des droits faisant l'objet de cette Convention, seront admis à y accéder sur leur demande.

Cette accession sera notifiée par écrit au Gouvernement de la Confédération suisse, et par celui-ci à tous les autres.

Elle emportera, de plein droit, adhésion à toutes les clauses et admission à tous les avantages stipulés dans la présente Convention.

Art. 19. — Les pays accédant à la présente Convention ont aussi le droit d'y accéder en tout temps pour leurs colonies ou possessions étrangères [1].

Ils peuvent, à cet effet, soit faire une déclaration générale par laquelle toutes leurs colonies ou possessions sont comprises dans l'accession, soit nommer expressément celles qui y sont comprises, soit se borner à indiquer celles qui en sont exclues

Art. 20. — La présente Convention sera mise à exécution trois mois après l'échange des ratifications, et demeurera en vigueur pendant un temps indéterminé, jusqu'à l'expiration d'une année à partir du jour où la dénonciation en aura été faite.

Cette dénonciation sera adressée au Gouvernement chargé de recevoir les accessions. Elle ne produira son effet qu'à l'égard du pays qui l'aura faite, la Convention restant exécutoire pour les autres pays de l'Union.

ARTICLE ADDITIONNEL

La Convention n'affecte en rien le maintien des conventions actuellement existantes entre les pays contractants, en tant que ces conventions confèrent aux auteurs ou à leurs ayants cause des droits plus étendus que ceux accordés par l'Union, ou

---

1. « En ce qui concerne l'accession des colonies ou possessions étrangères prévue à l'article 19 de la Convention :

« Le Plénipotentiaire de la République française déclare que l'accession de son pays emporte celle de toutes les colonies de la France.

« Les Plénipotentiaires de Sa Majesté Britannique déclarent que l'accession de la Grande-Bretagne à la Convention pour la protection des œuvres littéraires et artistiques comprend le Royaume-Uni de la Grande-Bretagne et d'Irlande et toutes les colonies et possessions étrangères de Sa Majesté Britannique.

« Ils réservent toutefois au gouvernement de Sa Majesté Britannique la faculté d'en annoncer en tout temps la dénonciation séparément pour une ou plusieurs des colonies ou possessions suivantes, en la manière prévue par l'article 20 de la Convention, savoir : les Indes, le Dominion du Canada. Terre-Neuve, le Cap, Natal, la Nouvelle-Galles du Sud, Victoria, Queensland. la Tasmanie. l'Australie méridionale. l'Australie occidentale et la Nouvelle-Zélande. » (*Procès-verbal de clôture.* 1886)

Au moment de procéder à la signature du procès-verbal d'échange des ratifications. le 5 septembre 1887, S. Exc. M. le ministre d'Espagne a renouvelé. au nom de son gouvernement. la déclaration suivant laquelle l'accession de l'Espagne à la Convention de Berne emporte celle de tous les territoires dépendant de la couronne espagnole. (*Protocole signé à Berne le 5 septembre 1887.*)

qu'elles renferment d'autres stipulations qui ne sont pas contraires à cette Convention.

PROTOCOLE DE CLOTURE

Au moment de procéder à la signature de la Convention, les plénipotentiaires ont déclaré et stipulé ce qui suit :

Photographie

1° Au sujet de l'article 4, il est convenu que ceux des pays de l'Union où le caractère d'œuvres artistiques n'est pas refusé aux œuvres photographiques s'engagent à les admettre, à partir de la mise en vigueur de la Convention, au bénéfice de ses dispositions. Ils ne sont, d'ailleurs, tenus de protéger les auteurs desdites œuvres, sauf les arrangements internationaux existants ou à conclure, que dans la mesure où leur législation permet de le faire.

Il est entendu que la photographie autorisée d'une œuvre d'art protégée jouit, dans tous les pays de l'Union, de la protection légale, au sens de ladite Convention, aussi longtemps que dure le droit principal de reproduction de cette œuvre même, et dans les limites des conventions privées entre les ayants droit.

Œuvres chorégraphiques

2° Au sujet de l'article 9, il est convenu que ceux des pays de l'Union dont la législation comprend implicitement, parmi les œuvres dramatico-musicales, les œuvres chorégraphiques, admettent expressément lesdites œuvres au bénéfice des dispositions de la Convention.

Il est d'ailleurs entendu que les contestations qui s'élèveraient sur l'application de cette clause demeurent réservées à l'appréciation des tribunaux respectifs.

Boîtes à musique

3° Il est entendu que la fabrication et la vente des instruments servant à reproduire mécaniquement des airs de musique empruntés au domaine privé ne sont pas considérées comme constituant le fait de contrefaçon musicale.

Effets de la mise en vigueur de la Convention

4° L'accord commun prévu à l'article 14 de la Convention est déterminé ainsi qu'il suit :

L'application de la Convention aux œuvres non tombées dans le domaine public au moment de sa mise en vigueur aura lieu suivant les stipulations y relatives contenues dans les conventions spéciales existantes ou à conclure à cet effet.

A défaut de semblables stipulations entre pays de l'Union, les pays respectifs régleront, chacun pour ce qui le concerne, par la législation intérieure, les modalités relatives à l'application du principe contenu à l'article 14.

Organisation du Bureau international

5° L'organisation du Bureau international prévu à l'article 16 de la Convention sera fixée par un règlement que le Gouvernement de la Confédération Suisse est chargé d'élaborer.

La langue officielle du Bureau international sera la langue française.

Le Bureau international centralisera les renseignements de toute nature relatifs à la protection des droits des auteurs sur leurs œuvres littéraires et artistiques. Il les coordonnera et les publiera. Il procédera aux études d'utilité commune intéressant l'Union et rédigera, à l'aide des documents qui seront mis à sa disposition par les diverses Administrations, une feuille périodique, en langue française, sur les questions concernant l'objet de l'Union. Les Gouvernements des pays de l'Union se réservent d'autoriser, d'un commun accord, le Bureau à publier une édition dans une ou plusieurs autres langues, pour le cas où l'expérience en aurait démontré le besoin.

Le Bureau international devra se tenir en tout temps à la disposition des membres de l'Union pour leur fournir, sur les questions relatives à la protection des œuvres littéraires et artistiques, les renseignements spéciaux dont ils pourraient avoir besoin.

L'Administration du pays où doit siéger une Conférence préparera, avec le concours du Bureau international, les travaux de cette Conférence.

Le Directeur du Bureau international assistera aux séances des Conférences et prendra part aux discussions sans voix délibérative. Il fera sur sa gestion un rapport annuel qui sera communiqué à tous les membres de l'Union.

Les dépenses du Bureau de l'Union internationale seront supportées en commun par les pays contractants. Jusqu'à nouvelle décision, elles ne pourront pas dépasser la somme de soixante mille francs par année. Cette somme pourra être augmentée au besoin par simple décision d'une des Conférences ultérieures [1].

. . . .

6° La prochaine Conférence aura lieu à Paris, dans le délai de quatre à six ans à partir de l'entrée en vigueur de la Convention.

Le Gouvernement français en fixera la date dans ces limites, après avoir pris l'avis du Bureau international [2].

2° CONVENTIONS PARTICULIÈRES.

ÉTATS DE L'EUROPE.

Pour sauvegarder les droits de ses auteurs et de ses artistes, la France a conclu des conventions particulières avec divers États de l'Europe, dont quelques-uns ne sont point entrés dans l'*Union internationale pour la protection des œuvres littéraires et artistiques*. D'autre part, elle conserve, à l'égard des pays qui ont adhéré à la Convention de Berne, le bénéfice d'avantages plus considérables que peuvent lui assurer les conventions conclues précédemment avec eux.

Voici le résumé de ces différentes conventions [3]:

ALLEMAGNE[4], signataire de la Convention de Berne (p. 39). — Convention franco-allemande du 19 avril 1883, promulguée en France le 21 août 1883, entrée en vigueur le 6 novembre 1883, valable pendant six ans, puis, d'année en année, jusqu'à ce qu'elle ait été dénoncée par l'une des parties contractantes, et pendant une année encore après sa dénonciation. — L'article 4 autorise la publication, dans l'un des deux pays, d'extraits ou de morceaux entiers d'un ouvrage ayant paru pour la première fois dans l'autre, pourvu que cette publication soit spécialement appropriée et adaptée pour l'enseignement ou qu'elle ait un caractère scientifique. Est également licite la publication réciproque de *chrestoma-*

1. Le protocole de clôture détermine ici la base d'après laquelle s'établira la part contributive de chacun des pays de l'Union dans les frais du bureau international.

2. Le *procès-verbal de signature* contenait les déclarations faites par les États contractants relativement à leurs colonies (voir page 43, note 1), et la fixation de la classe dans laquelle seraient rangés les divers États pour leur part contributive aux frais du bureau international.

3. Dans le résumé de celles des conventions qui ont été conclues avec des États ayant adhéré à la Convention de Berne, nous nous attachons seulement aux points pour la solution desquels la Convention de Berne renvoie aux législations intérieures ou aux conventions particulières. Déjà, page 39, note 3, nous avons indiqué quelle était, dans chacun des États signataires, la durée de la jouissance des droits. (*Berne*, art. 2.) En dehors des stipulations spéciales à telle ou telle convention, notamment au point de vue de la traduction, il sera surtout ici question : 1° des *Chrestomathies* (*Berne*, art. 8); 2° de la situation faite aux œuvres *photographiques*. (*Berne*, protocole de clôture, 1°.)

4. L'article 17 de la Convention franco-allemande déclare que ladite Convention est destinée à remplacer les conventions littéraires qui ont été antérieurement conclues entre la France et les *États allemands*. (Voir la note 1, p. 39.)

thies composées de fragments d'ouvrages de divers auteurs, ainsi que l'insertion, dans une chrestomathie ou dans un ouvrage original publié dans l'un des deux pays, d'un écrit entier de peu d'étendue publié dans l'autre. Exception est faite pour l'insertion de compositions musicales dans des recueils destinés à des écoles de musique, qui ne peut avoir lieu qu'avec le consentement du compositeur. — L'article 5 n'exige pas la mention d'interdiction de reproduction pour les romans-feuilletons ou les articles de science ou d'art[1]. — L'article 11[2] prévoit le cas où, pour des œuvres musicales ou dramatico-musicales, l'auteur n'aurait cédé son droit de publication à un éditeur que pour le territoire de l'un des deux pays, à l'exclusion de l'autre. — La législation de l'empire allemand ne permet pas de comprendre les *œuvres photographiques* au nombre des ouvrages auxquels s'applique la convention[3].

AUTRICHE-HONGRIE. — Convention du 11 décembre 1866, promulguée le 27 décembre 1866, valable du 1er janvier 1867 pendant dix années, et, après ce terme, d'année en année, tant que l'un des États ne déclarera pas y renoncer. — Elle concerne les œuvres d'esprit ou d'art, parues antérieurement et postérieurement au 1er janvier 1867; mais elle n'est applicable qu'à la représentation ou exécution des œuvres musicales parues, représentées ou exécutées pour la première fois après le 1er janvier 1867[4]. (*Art.* 1er.) — Le droit exclusif de traduction appartient, sans

1. L'article 7 de la Convention de Berne ne protége contre la reproduction des romans-feuilletons et des articles de science et d'art que lorsque l'auteur l'a expressément interdite.

2. L'article 10 de la Convention franco-allemande reconnait aux auteurs le droit exclusif de traduction sur leurs ouvrages pendant dix années après la publication de la traduction de leur ouvrage autorisée par eux; mais il exige la condition que ladite traduction autorisée paraisse en totalité dans le delai de trois années à compter de la publication de l'ouvrage original. La Convention de Berne (art. 5) supprime cette condition et n'accorde, pour la jouissance du droit de traduction, qu'un délai unique de dix ans à compter de la première publication. Les négociateurs de Berne ont considéré l'obligation de faire paraitre en totalité la traduction dans le délai de trois ans, sous peine de déchéance du droit, comme une gêne pour l'auteur qui ne peut pas toujours. au début. se rendre compte de l'intérêt que présenterait une traduction de son ouvrage en une langue étrangère, et dont les hésitations n'aboutissaient qu'à la perte de son droit pour non-accomplissement de la condition imposée. La disposition adoptée à Berne est en réalité préférable et plus avantageuse.

3. Dans le protocole de clôture de la Convention, § 3, les deux gouvernements se réservaient de s'entendre ultérieurement sur les dispositions spéciales à prendre, d'un commun accord, à l'effet d'assurer, réciproquement dans les deux pays, la protection des œuvres photographiques. — Dans l'*Empire allemand*, aux termes de la loi du 18 janvier 1876, § 6, les photographies sont protégées pendant cinq ans; les cinq ans sont comptés à partir de la fin de l'année où ont été publiées les premières reproductions de l'édition originale obtenues par la photographie ou par tout autre procédé mécanique; si aucune reproduction de ce genre n'a été publiée, le délai de cinq ans se compte à partir de la fin de l'année où a été obtenue l'épreuve négative de l'édition photographique

4. Conformément au principe qui régit toutes les conventions internationales, les auteurs de l'un des pays contractants jouissent dans l'autre pays de la protection accordée aux auteurs nationaux. D'après la loi du 19 octobre 1846, § 13, les productions littéraires et les œuvres artistiques sont protégées en AUTRICHE (pays cisleithans) *pendant la vie de l'auteur et pendant trente ans après sa mort*. La même garantie de *trente années. mais à partir de l'expiration de l'année où l'ouvrage a paru*, est accordée aux ouvrages *anonymes et pseudonymes*. ainsi qu'aux ouvrages faits par plusieurs auteurs dont les noms se trouvent indiqués. et aux ouvrages *posthumes*. (§ 14.) Pour les ouvrages édités par des académies. universités ou autres instituts et sociétés savantes ou artistiques, la garantie légale contre la reproduction et la contrefaçon dure pendant *cinquante années*. (§ 15.) Dans le cas où l'auteur se sera expressément réservé, sur le titre ou dans la préface de l'ouvrage original. le droit d'en faire faire une traduction lui-même, toute traduction pu-

limite de temps, à l'auteur ou à l'éditeur, lorsqu'il en a fait la réserve en tête de l'ouvrage. (*Art.* 5.) — La reproduction et la traduction d'articles non politiques ou écrits périodiques sont défendues, lorsqu'on a déclaré dans le journal en interdire la reproduction et la traduction. (*Art.* 8.)

L'enregistrement des ouvrages originaux et des traductions est obligatoire dans les trois mois de la première publication, sans dépôt d'exemplaires et sans frais, à Vienne, au Ministère des affaires étrangères, ou à Paris, à la légation autrichienne, pour les publications françaises, et à Paris, au Ministère de l'intérieur (bureau de la librairie), ou à Vienne, à la légation française, pour les publications autrichiennes. (*Art.* 2.)

BELGIQUE, signataire de la Convention de Berne (p. 39). — Convention du 31 octobre 1881 et déclaration interprétative du 4 janvier 1882, promulguées le 15 mai 1882, valables jusqu'au 1er février 1892, avec prolongation, d'année en année, tant qu'elles ne seront pas dénoncées par l'une des parties au moins un an à l'avance. — Les auteurs d'ouvrages publiés pour la première fois en France et leurs ayants-cause ont, en Belgique, le *droit de traduction* sur leurs ouvrages *aussi longtemps qu'ils jouissent du droit de propriété des ouvrages originaux*, la sauvegarde de ce droit de traduction n'étant plus subordonnée à aucune condition. (*Déclaration interprétative du 4 janvier* 1882.) — La publication en Belgique de *chrestomathies* composées de fragments ou d'extraits d'auteurs français est autorisée, pourvu que ces recueils soient spécialement destinés à l'enseignement. (*Art.* 2 *de la Convention.*) — L'article 13 de la Convention prévoit le cas où des éditeurs français ou belges auraient acquis le droit de réimprimer des ouvrages, avec la réserve que ces réimpressions ne seraient autorisées que pour la vente en certains pays désignés. — La *photographie* est comprise parmi les œuvres qui jouissent de protection[1]. (*Art.* 1er *de la Convention*, § 1.)

bliée sans l'autorisation de l'auteur ou de son successeur légitime, *dans l'intervalle d'une année*, à partir du jour où l'ouvrage original aura été publié, sera considérée comme contrefaçon (§ 5, *c*). — En HONGRIE (pays transleithans), aux termes de la loi du 4 mai 1884 (art. 11), la protection que la loi assure contre les atteintes portées au droit d'auteur s'étend à *toute la vie de l'auteur* et à un délai de *cinquante années après sa mort*. Les œuvres littéraires, *pseudonymes* ou *anonymes*, qui indiquent la date de leur première édition, sont protégés *pendant cinquante ans à compter de cette date* (art. 13, § 3). L'œuvre parue après la mort de l'auteur est protégée *pendant cinquante ans à partir de sa mort* (art. 14, mentionnant une exception.) Les académies, universités, corporations, et autres personnes juridiques, ainsi que les établissements d'instruction publique, jouissent de la protection des œuvres publiées par eux *pendant trente ans à partir de la première publication de l'œuvre* (art. 15).

1. La France n'a pas conclu de convention de propriété littéraire et artistique avec le **Danemark**. Toutefois, une ordonnance royale du 29 décembre 1858, visant le décret-loi rendu le 28 mars 1852 pour la protection en France des œuvres d'auteurs étrangers, porte que les dispositions de la loi danoise du 29 décembre 1857 sur la contrefaçon (*œuvres littéraires*) profiteront aux œuvres qui sont éditées en France. Une nouvelle ordonnance du 5 mai 1866, visant également le décret de 1852, déclare que les règles contenues dans les lois du 31 mars 1861 (*œuvres d'art*) et du 23 février 1866 sur la contrefaçon des œuvres artistiques et littéraires, seront également appliquées en faveur des œuvres artistiques et littéraires exécutées ou publiées en France. — En **Danemark**, le droit d'auteur est reconnu *pendant la vie de l'auteur et pendant trente ans après sa mort*. (Loi du 29 décembre 1857, art. 2, 3 et 15; loi du 31 mars 1861, art. 2 et 3.) Les ouvrages anonymes et pseudonymes, ainsi que les ouvrages qui ne paraissent qu'après la mort de l'auteur, jouissent de la protection légale *pendant trente ans à compter de l'expiration de l'année durant laquelle ils ont été édités pour la première fois*. (Loi du 29 décembre 1857, art. 6, et loi du

ESPAGNE, signataire de la Convention de Berne (p. 39). — Convention du 16 juin 1880, promulguée le 22 juillet 1880, entrée en vigueur le 23 juillet 1880, valable pendant six ans, puis devant continuer ses effets jusqu'à ce qu'elle ait été dénoncée par l'une des parties contractantes, et pendant une année encore après sa dénonciation. — Les auteurs de chacun des deux pays jouissent, dans l'autre pays, du *droit exclusif de traduction* sur leurs ouvrages *pendant toute la durée accordée pour le droit de propriété sur l'œuvre en langue originale.* (Art. 3.) — Est réciproquement licite la publication, dans chacun des deux pays, d'extraits ou de morceaux entiers d'ouvrages d'un auteur de l'autre pays, en langue originale ou en traduction, pourvu que ces publications (*chrestomathies*) soient spécialement appropriées et adaptées pour l'enseignement ou pour l'étude et soient accompagnées de notes explicatives dans une autre langue que celle dans laquelle a été publiée l'œuvre originale. (Art. 4, § 3.) — Le § 2 de l'article 1er de la Convention ne cite pas les *œuvres photographiques* dans la nomenclature des œuvres protégées[1].

GRANDE-BRETAGNE. — La Convention franco-anglaise de 1851 ayant été dénoncée, les relations de propriété littéraire et artistique sont aujourd'hui réglées par la Convention de Berne (p. 39) entre la France et la Grande-Bretagne, toutes deux signataires de ladite Convention[2].

ITALIE, signataire de la Convention de Berne (p. 39). — Convention du 9 juillet 1884, promulguée le 23 janvier 1885, valable pendant dix ans, puis devant continuer ses effets jusqu'à ce qu'elle ait été dénoncée par l'une ou l'autre des parties et pendant une année encore après sa dénonciation. — La représentation ou l'exécution publique en Italie d'une œuvre dramatique, musicale, dramatico-musicale ou chorégraphique française, sera *interdite d'office par l'autorité locale* lorsque l'auteur ou compositeur aura adressé, soit au Ministère de l'agriculture, de l'industrie et du commerce de l'Italie, soit à l'autorité diplomatique ou consulaire italienne en France, la déclaration qu'il entend faire défendre la représentation ou l'exécution de son œuvre à quiconque ne fournirait pas la preuve écrite et légalisée de son autorisation. La réception de cette déclaration donne ouverture à la perception, au profit

23 février 1866, art. 4.) Les instituts scientifiques, sociétés, etc., jouissent des droits *pendant trente ans à compter de la fin de l'année durant laquelle l'ouvrage a été publié pour la première fois.* (Loi du 29 décembre 1857, art. 7. La protection des *photographies* n'est garantie que *pendant cinq ans.* (Loi du 24 mars 1864, art. 1er.)

1. Mais, ainsi que l'a fait remarquer M. Germond de Lavigne, dans le commentaire dont la chronique du *Journal de la Librairie* (année 1885, n° 29) accompagne le texte de la Convention franco-espagnole, les derniers mots du § 2 de l'article 1er « et en général toute production quelconque du domaine littéraire, scientifique et artistique, qui pourrait être publiée *par n'importe quel système d'impression ou de reproduction connu ou à connaître* », comprennent virtuellement les œuvres photographiques, lesquelles sont aussi visées par la Convention hispano-italienne du 28 juin 1880 : or, le bénéfice de celle-ci se trouve respectivement assuré à la France et à l'Espagne par l'application du principe de la nation la plus favorisée.

2. En vertu de l'article 11 de l'*International Copyright act* de 1886, les *photographies* sont considérées dans le Royaume-Uni de Grande-Bretagne et d'Irlande comme œuvres artistiques et protégées comme telles. — Quant à la question des *extraits*, elle n'a pas été tranchée par une loi en Angleterre ; mais la jurisprudence considère tout extrait comme une contrefaçon, dès qu'il est assez important pour porter préjudice au droit exclusif de l'auteur : il y a là une question de fait laissée à l'appréciation des tribunaux.

du Trésor italien, d'une taxe de 10 francs par œuvre déclarée. (*Art.* 2, § 3[1].) — Est interdite, sans condition, la reproduction, en original ou en traduction, des romans-feuilletons ou des articles de science ou d'art. (*Art.* 5, § 2[2].) — La *photographie* est comprise parmi les œuvres protégées. (*Art.* 1er, § 3.) — Il en est de même des *œuvres chorégraphiques*. (*Art.* 1er, § 3.)

PAYS-BAS. — Déclaration du 19 avril 1884, promulguée le 10 août 1885, valable pendant dix ans et au delà de ce terme, jusqu'à ce que l'une ou l'autre des puissances contractantes ait fait connaître, douze mois à l'avance, son intention d'en faire cesser les effets. — Cette déclaration a remis en vigueur la Convention du 29 mars 1855 et l'article 2 de l'arrangement supplémentaire du 27 avril 1860 ; elle a, de plus, étendu aux *œuvres musicales* les garanties stipulées par cette Convention et cet arrangement supplémentaire. — Les auteurs d'œuvres scientifiques, littéraires et musicales, auxquels les lois de l'un des deux pays garantissent actuellement ou garantiront à l'avenir le droit de propriété ou d'auteur, et leurs ayants-cause, ont la faculté d'exercer ce droit sur le territoire de l'autre pays, pendant le même espace de temps et dans les mêmes limites que s'exercerait, dans cet autre pays, le droit attribué aux auteurs d'ouvrages de même nature qui y seraient publiés[3]. (29 *mars* 1855, *art.* 1er.) — Cette protection n'est acquise qu'à celui qui a fidèlement observé les lois et règlements en vigueur dans le pays de production, par rapport à l'ouvrage pour lequel cette protection est réclamée (29 *mars* 1855, *art.* 2.) — Sont autorisées les *chrestomathies* françaises destinées à l'enseignement et accompagnées de notes ou traductions en langue hollandaise (27 *avril* 1860, *art.* 2.). — Les traductions d'ouvrages nationaux et étrangers sont assimilées aux ouvrages originaux[4]; cette

1. En ce qui concerne la traduction, l'article 8 de la Convention franco-italienne reconnaît une durée de dix ans pour la jouissance du droit de traduction, mais en imposant l'obligation de faire paraître la traduction en totalité dans le délai de trois années à compter de la publication de l'ouvrage original. C'est la reproduction de l'art. 10 de la Convention franco-allemande du 19 avril 1883; voir, à ce sujet, page 46, la note 2.

2. L'article 7 de la Convention de Berne ne protège contre la reproduction des romans-feuilletons et des articles de science et d'art que lorsque l'auteur l'a expressément interdite.

3. Aux termes de la loi des 28 juin-11 juillet 1881, art. 13, le droit d'auteur d'ouvrages imprimés dure, aux Pays-Bas, *cinquante ans après la première publication*, à compter de la date du récépissé de dépôt délivré par le département de la justice. Si l'auteur survit à cette période et s'il n'a pas aliéné son droit, il en jouira pendant toute sa vie. — Le droit d'auteur d'ouvrages non publiés au moyen de l'impression, y compris les discours, dure *pendant la vie de l'auteur et trente ans après son décès.* (*Ibid.*, art. 14.) — Le droit exclusif de faire exécuter ou représenter des compositions dramatico-musicales ou des pièces de théâtre dure : 1° pour les œuvres non imprimées, pendant la vie de l'auteur et trente ans après son décès; 2° pour les œuvres publiées, sur lesquelles on s'est réservé ce droit, pendant dix ans, à partir de la date du récépissé de dépôt. (*Ibid.*, art. 15.) — Est considéré comme auteur d'un ouvrage, publié sans nom d'auteur ou sous un nom supposé, l'éditeur, ou, si son nom n'est pas mentionné dans l'ouvrage ou sur son titre, l'imprimeur. (*Ibid.*, art. 3.)

4. Mais, conformément à la loi néerlandaise du 28 juin 1881, art. 16, le droit exclusif de publier des traductions dure : 1° pour des ouvrages non publiés au moyen de l'impression, y compris les discours, aussi longtemps que le droit d'auteur en est accordé : 2° pour des ouvrages publiés au moyen de l'impression, pendant cinq ans à partir de la date du certificat de dépôt.

disposition n'a pas pour objet d'accorder au premier traducteur d'un ouvrage le droit exclusif de traduction, mais seulement de protéger le traducteur par rapport à sa propre traduction. (29 *mars* 1855, *art.* 3.) — La reproduction des feuilletons et des articles non politiques des journaux et écrits périodiques est illicite, lorsqu'on a déclaré dans le journal en interdire la reproduction. (29 *mars* 1855, *art.* 4.)

Pour les œuvres françaises, il n'y a obligation ni d'un enregistrement ni d'un dépôt aux Pays-Bas ou à leur légation.

PORTUGAL. — Convention du 11 juillet 1866, promulguée le 23 août 1867, valable pendant douze années et, après ce délai, d'année en année, tant que l'un des États ne déclarera pas y renoncer, et pendant une année encore après sa dénonciation. — Elle concerne les œuvres d'esprit et d'art parues antérieurement et postérieurement au 23 août 1867, mais elle n'est pas applicable à la représentation des ouvrages dramatiques traduits et représentés antérieurement à la mise en vigueur de la Convention. (*Art.* 12.) [1] — Sont autorisés des morceaux choisis appropriés à l'enseignement ou à l'étude, et accompagnés de notes ou traductions dans la langue du pays. (*Art.* 9.) — Le droit exclusif de traduction appartient pendant cinq années à l'auteur ou à l'éditeur, lorsqu'il en a fait la réserve en tête de l'ouvrage, et s'il fait paraître dans un des pays contractants une traduction, au moins en partie, dans le délai d'un an, et en totalité dans celui de trois ans après l'enregistrement de l'ouvrage original; ce délai est réduit à trois mois pour la traduction et la représentation des œuvres dramatiques. (*Art.* 5.) — La reproduction et la traduction des articles non politiques des journaux et écrits périodiques sont défendues, lorsqu'on a déclaré dans le journal en interdire la reproduction et la traduction. (*Art.* 8.)

L'enregistrement des ouvrages originaux et des traductions est obligatoire dans les trois mois de la première publication, sans dépôt d'exemplaires et sans frais, à Lisbonne, au Ministère de l'intérieur, ou à Paris, à la légation portugaise pour les publications françaises, et à Paris au Ministère de l'intérieur (bureau de la librairie), ou à Lisbonne, à la légation française pour les publications portugaises. (*Art.* 2.)

SUÈDE ET NORVÈGE. — Arrangement conclu le 29 juillet 1884. — Pour assurer aux écrits et aux œuvres d'art de citoyens français en Suède la protection stipulée à l'article additionnel du traité de commerce conclu entre la France et les royaumes unis de Suède et de Norvège, le 30 décembre 1881[2], et pour que les auteurs, édi-

---

1. La jouissance des droits de propriété littéraire et artistique, en Portugal, dure *pendant la vie de l'auteur et cinquante ans après sa mort.* (Code civil portugais, part. II, tit. v, art. 576 et 579.) L'État ou les établissements publics jouissent des droits sur les œuvres littéraires publiées à leurs frais *pendant cinquante ans à compter de la première publication.* (*Ibid.*, art. 580.) L'éditeur de l'œuvre *posthume* d'un auteur certain jouit des droits *pendant cinquante ans à dater de la publication de l'œuvre.* (*Ibid.*, art. 585.) L'éditeur d'une œuvre dont le propriétaire n'est pas encore connu et ne se fait pas connaître légalement jouit des droits de l'auteur *pendant trente ans comptés à partir de la publication complète de l'œuvre.* (*Ibid.*, art. 586.)

2. Cet article additionnel porte que, en attendant la conclusion d'une Convention

teurs et artistes soient admis, en conséquence, devant les tribunaux des deux pays à exercer des poursuites contre les contrefaçons, il suffit que lesdits auteurs, éditeurs ou artistes justifient de leurs droits de propriété en établissant, par un certificat émanant de l'autorité publique compétente en France, que l'écrit ou l'œuvre d'art en question est une œuvre qui, en France, jouit de la protection légale contre la contrefaçon ou la reproduction illicite.

SUISSE, signataire de la Convention de Berne (p. 39.) — Convention franco-suisse du 23 février 1882, entrée en vigueur le 16 mai 1882, valable jusqu'au 1er février 1892, et au delà pendant une année, à partir du jour où l'une des parties l'aura dénoncée. — L'art. 21 de ladite Convention fixe la durée des droits des auteurs et artistes français en Suisse *à toute leur vie*, et, *s'ils meurent avant l'expiration de la trentième année à dater de la première publication, au reste de ce terme en faveur de leurs successeurs* [1]. — Aux termes des articles 16 et 6 combinés, le droit de traduction n'est reconnu que pendant une période de dix ans à dater de la publication de la traduction, mais à la condition que la traduction autorisée ait paru en totalité dans le délai de trois ans à compter de la date de la publication de l'original [2].

Les articles 16 et 2 combinés autorisent la publication, dans l'un des

spéciale, les ressortissants de chacun des pays respectifs jouiront, dans l'autre, du traitement national en ce qui concerne la propriété littéraire, artistique et industrielle. — En SUÈDE, la propriété littéraire et artistique est régie par les lois des 3 mai 1867 et 10 août 1877. Le droit de l'auteur subsiste *pendant sa vie et cinquante ans après sa mort*. (Loi du 10 août 1877, § 7.) Les écrits publiés par des sociétés scientifiques ou autres corporations jouissent de la protection contre la contrefaçon pendant *cinquante ans après leur première publication*. Il en est de même pour les écrits *anonymes* ou *pseudonymes*. (*Ibid.*, §§ 8 et 21.) Le droit exclusif d'autoriser la représentation d'ouvrages dramatiques ou d'opéras subsiste *pendant la vie des auteurs ou traducteurs et cinq ans après leur mort*. Si l'auteur ou le traducteur ne s'est point fait connaitre, il est, à l'expiration de *cinq ans après la première représentation de l'ouvrage ou sa publication par voie d'impression*, permis à qui que ce soit de représenter ledit ouvrage. (*Ibid.*, § 14.) Si un auteur, en publiant un écrit, *s'est réservé, par avis inséré en tête de l'ouvrage, le droit exclusif de le faire traduire en une ou plusieurs langues* INDIQUÉES, et s'il a publié une traduction ainsi annoncée dans le délai de deux ans à partir de la première publication de l'ouvrage, il est défendu, pendant un délai de cinq ans à partir de l'époque indiquée, à toute autre personne de publier une *traduction dans la langue pour laquelle le droit de traduction se trouvera ainsi réservé*. (*Ibid.*, § 3). Le droit exclusif de reproduction des *œuvres artistiques* est reconnu *pendant la vie de l'auteur et pendant dix ans après sa mort* (Loi du 3 mai 1867, § 2). — En NORVÈGE, la propriété littéraire et artistique est régie par les lois des 8 juin 1876 et 12 mai 1877. Le droit exclusif de reproduction de son œuvre s'étend à la *vie de l'auteur et à cinquante ans après sa mort*. (Loi du 8 juin 1876, art 7 et 34; loi du 12 mai 1877, art. 2 et 3.) Les instituts scientifiques et les sociétés jouissent, par rapport aux ouvrages publiés par eux, de la protection de la loi *pendant cinquante ans à dater de la première publication*. (*Ibid.*, art. 8.) Les écrits *anonymes* et *pseudonymes* sont protégés *pendant cinquante ans après leur première publication*; il en est de même des ouvrages *qui ne paraissent qu'après la mort de l'auteur*. (*Ibid.*, art. 9 et 10.) Les *photographies* n'ont droit, par exception, qu'à une protection de *cinq ans* à dater de la fin de l'année dans laquelle l'image a été publiée pour la première fois; ce droit s'éteint cependant en tout cas à la mort du photographe. (Loi spéciale du 12 mai 1877, art. 3.)

1. La loi Suisse du 23 avril 1883, a modifié avantageusement cette disposition; elle reconnaît (art. 2) que le droit de propriété littéraire ou artistique dure *pendant la vie de l'auteur et pendant trente années à partir de son décès*.

2. La Convention de Berne, à laquelle a adhéré la Suisse, simplifie cette disposition, en supprimant l'obligation de faire paraitre la traduction dans un délai de trois ans sous peine de déchéance du droit. (Voir la note 2 de la page 46.)

pays, d'extraits ou morceaux entiers d'ouvrages ayant paru pour la première fois dans l'autre, pourvu que ces publications (*chrestomathies*) soient spécialement appropriées à l'enseignement. — Les articles 16 et 7 combinés prévoient le cas où des réimpressions ne seraient expressément autorisées que pour l'un des deux pays. — La *photographie* est comprise parmi les œuvres protégées. (*Art.* 1er.) [1] — La fabrication et la vente des instruments servant à reproduire mécaniquement des airs de musique qui sont du domaine privé ne sont pas considérées comme constituant le fait de contrefaçon musicale. (*Art.* 14, *et Convention de Berne, protocole de clôture,* 3°.)

Voici d'ailleurs le tableau de la situation actuelle des divers États de l'Europe au point de vue de leurs relations avec la France en matière de propriété littéraire et artistique :

ÉTATS	CONVENTIONS EXISTANTES (DÉCEMBRE 1887)
Allemagne*...	Convention de Berne. — Convention franco-allemande du 19 avril 1883.
Autriche-Hongrie........	Convention du 11 décembre 1866.
Belgique	Convention de Berne. — Convention franco-belge du 31 octobre 1881 ; déclaration interprétative du 4 janvier 1882.
Danemark	»
Espagne..............	Convention de Berne. — Convention franco-espagnole du 16 juin 1880.
France............. .	Convention de Berne. — Décret-loi du 28 mars 1852. Conventions spéciales avec l'Allemagne, l'Autriche, la Belgique, l'Espagne, l'Italie, les Pays-Bas, le Portugal, la Suède et la Norvège, la Suisse.
Grande-Bretagne	Convention de Berne.
Grèce.................	»
Italie	Convention de Berne. — Convention franco-italienne du 9 juillet 1884.
Pays-Bas	Déclarat. du 19 avril 1884.—Convent. franco-hollandaise du 29 mars 1855, et arrangem. suppl. du 27 avril 1860.
Portugal..............	Convention franco-portugaise du 11 juillet 1866.
Roumanie.....	»
Russie...............	»
Serbie	»
Suède et Norvège.......	Arrangement du 29 avril 1884.
Suisse...............	Convention de Berne. — Convention franco-suisse du 23 février 1882.
Turquie..............	»

* Comprenant tous les États de l'empire allemand (voir page 39, note 1).

1. Mais la loi Suisse du 23 avril 1883, art. 9, ne protège les œuvres photographiques et autres œuvres analogues que *pendant cinq années* à partir d'un enregistrement fait dans les trois mois qui suivent la publication

ÉTATS DE L'ASIE[1].

Le procès-verbal de signature de la convention de Berne constate que « les plénipotentiaires de Sa Majesté britannique déclarent que l'accession de la Grande-Bretagne à la convention pour la protection des œuvres littéraires et artistiques comprend le Royaume-Uni de la Grande-Bretagne et l'Irlande *et toutes les colonies et possessions étrangères de Sa Majesté britannique;* ils réservent toutefois au gouvernement de Sa Majesté britannique la faculté d'en annoncer en tout temps la dénonciation, séparément pour une ou plusieurs de certaines colonies ou possessions désignées » (page 43, note 1).

Sous cette réserve, les avantages qui résultent de la convention de Berne sont garantis dans les **Indes Anglaises** aux œuvres littéraires et artistiques des États signataires.

ÉTATS DE L'AFRIQUE.

La **Tunisie**, qui est sous le protectorat français, a adhéré à la convention de Berne (p. 39).

Les colonies anglaises du **Cap** et de **Natal** participent, d'après la déclaration des plénipotentiaires anglais, aux effets de la convention de Berne (p. 39), sous la réserve indiquée ci-dessus pour les États de l'Asie.

Les colonies espagnoles d'Afrique (**Ceuta**, **Tanger** et les **Présides**; les îles **Canaries**, **Fernando-Pô** et **Annobon**) participent également, d'après la déclaration faite dans le protocole de l'échange des ratifications, aux effets de la convention de Berne (p. 39).

ÉTATS DE L'AMÉRIQUE.

La **République de Haïti** a adhéré à la convention de Berne (p. lvii).

Les *colonies anglaises* du **Dominion du Canada** et de **Terre-Neuve** ne participent aux effets de la convention de Berne (p. 39) que sous la réserve indiquée ci-dessus aux États de l'Asie.

Les *colonies espagnoles* d'Amérique (**Cuba**, **Porto-Rico**, dans les Antilles) participent aux effets de la convention de Berne (p. 39).

La **République du Salvador** (Amérique centrale) a conclu une convention particulière avec la France.

Signée le 2 juin 1880, approuvée par la loi française du 2 août 1882, cette convention est valable jusqu'à sa dénonciation par l'une ou l'autre des parties contractantes, et pendant une année encore après cette dénonciation. — Les auteurs de livres, brochures ou autres écrits, d'ouvrages dramatiques, de compositions musicales ou d'arrangements de musique, d'œuvres de dessin, de peinture, de sculpture, de lithographies et d'illustrations, de cartes géographiques, et, en général, de toute production

---

1. Un décret du 29 octobre 1887 applique aux colonies françaises la législation de la métropole, en matière de propriété littéraire et artistique.

quelconque du domaine littéraire, scientifique ou artistique[1], jouissent, dans chacun des deux États, réciproquement, des avantages attribués à la propriété des œuvres de littérature, de science ou d'art *pendant toute leur vie, et, après leur décès, pendant cinquante ans*, au profit de leur conjoint survivant, de leurs héritiers, successeurs irréguliers, donataires, légataires, cessionnaires, ou tous autres ayants droit, conformément à la législation de leur pays. (*Art.* 1er *et* 10.) — Les mêmes avantages sont applicables à la représentation ou à l'exécution, dans l'un des deux pays, des œuvres dramatiques ou musicales des auteurs et compositeurs de l'autre pays. (*Art.* 3.) — Il suffit que lesdits auteurs ou éditeurs justifient de leur droit de propriété en établissant, par un certificat émanant de l'autorité publique compétente, qu'ils jouissent, dans leur propre pays, pour leur œuvre, de la protection légale contre la contrefaçon ou la reproduction illicite. (*Art.* 2.) — Les auteurs français d'ouvrages originaux ont le droit de s'opposer à la publication, dans le Salvador, de toute traduction de ces ouvrages qui n'aurait pas été autorisée par eux, et ce, pendant tout le temps accordé à la jouissance du droit de propriété littéraire sur l'ouvrage original. Il en est de même pour la traduction ou la représentation des traductions des ouvrages dramatiques. (*Art.* 5.) — Sont également interdites les appropriations indirectes non autorisées. (*Art.* 6.) — Toutefois, est réciproquement licite la publication, dans chacun des deux pays, d'extraits ou de morceaux entiers d'ouvrages d'un auteur de l'autre pays, en langue originale ou en traduction, pourvu que ces publications soient spécialement appropriées et adaptées pour l'enseignement ou pour l'étude, et soient accompagnées de notes explicatives dans une langue autre que celle dans laquelle a été publiée l'œuvre originale. (*Art.* 7.) — Les articles ou feuilletons insérés dans les journaux ou recueils périodiques par les auteurs de l'un des deux pays ne peuvent être reproduits ou traduits dans les journaux ou recueils périodiques de l'autre pays, ni publiés en volumes ou autrement, sans l'autorisation des auteurs ; mais en aucun cas cette interdiction ne peut atteindre les articles de discussion politique. (*Art.* 8.)

ÉTATS DE L'OCÉANIE.

Les *colonies anglaises* de la **Nouvelle-Galles du Sud**, de **Victoria**, du **Queensland**, de la **Tasmanie**, de l'**Australie méridionale**, de l'**Australie occidentale** et de la **Nouvelle-Zélande** ne participent aux effets de la convention de Berne (p. 39) que sous la réserve indiquée ci-dessus, aux États de l'Asie.

Les *colonies espagnoles* d'Océanie (les îles **Philippines**, les îles **Mariannes**, les îles **Carolines**) participent aux effets de la convention de Berne (p. 39)

Paul Delalain.

---

1. Cette disposition qui reproduit le texte même de la Convention franco-espagnole semble comprendre les *œuvres photographiques*. Voir la note 1, page 48.

CONTRAVENTIONS ET PÉNALITÉS

Les inspecteurs de l'imprimerie et de la librairie, les commissaires de police, les juges de paix et tous autres officiers de police judiciaire sont tenus de faire confisquer, à la réquisition et au profit des auteurs, compositeurs ou artistes, ou de leurs représentants ou concessionnaires, tous les exemplaires des éditions imprimées ou gravées en tout ou en partie sans la permission formelle ou par écrit des auteurs.

La saisie a lieu d'office par les préposés des douanes pour les ouvrages contrefaits venant des pays étrangers.

Les procureurs généraux et les procureurs de la République sont tenus de poursuivre d'office, sur la simple remise qui leur est faite d'une copie des procès-verbaux de saisie dûment affirmés.

Il y a lieu à la confiscation des exemplaires contrefaits, au profit de l'auteur ou de l'éditeur, et à une amende au profit de l'État.

Il peut y avoir lieu, en outre, à des dommages-intérêts envers l'auteur ou l'éditeur ou leurs ayants cause. (*Loi du 19 juillet* 1793; *décret du 5 février* 1810).

Toute édition d'écrits, de composition musicale, de dessin, de peinture ou de toute autre production imprimée ou gravée en entier ou en partie, au mépris des lois et règlements relatifs à la propriété des auteurs, est une contrefaçon, et toute contrefaçon est un délit.

Le débit d'ouvrages contrefaits [1], l'introduction sur le territoire français d'ouvrages qui, après avoir été imprimés en France, ont été contrefaits chez l'étranger, sont un délit de la même espèce.

La peine contre le contrefacteur ou contre l'introducteur est une amende de cent francs au moins et de deux mille francs au plus, et, contre le débitant, une amende de vingt-cinq francs au moins et de cinq cents francs au plus.

La confiscation de l'édition contrefaite est prononcée tant contre le contrefacteur que contre l'introducteur et le débitant.

Les planches, moules ou matrices des objets contrefaits sont aussi confisqués. (*Code pénal, art.* 425, 426 *et* 427.)

Les tribunaux, suivant la gravité des circonstances, peuvent ordonner l'impression et l'affiche de leurs jugements. (*Code de procédure civile, art.* 1036.)

Tout directeur, tout entrepreneur de spectacle, toute association d'artistes qui a fait représenter sur son théâtre des ouvrages dramatiques, au mépris des lois et règlements relatifs à la propriété des auteurs, est puni d'une amende de cinquante francs au moins, de cinq cents francs au plus, et de la confiscation des recettes.

Le produit des confiscations ou les recettes confisquées sont remis au

---

1. L'existence constatée de contrefaçons dans un magasin constitue le débit de contrefaçons, sans qu'il y ait lieu pour le poursuivant de justifier de ventes effectuées.

Doit être considéré comme débitant celui à qui des contrefaçons sont expédiées et qui se propose de les vendre, alors même que ces objets contrefaits ne lui seraient pas encore parvenus. (*Arrêt de la cour d'Amiens,* 28 novembre 1855.)

propriétaire pour l'indemniser d'autant du préjudice qu'il a souffert ; le surplus de son indemnité ou l'entière indemnité, s'il n'y a eu ni vente d'objets confisqués ni saisie de recettes, est réglé par les voies ordinaires. (*Code pénal, art.* 428 *et* 429.)

Dans tous les cas où la peine de l'emprisonnement et celle de l'amende sont prononcées par le Code pénal, si les circonstances paraissent atténuantes, les tribunaux correctionnels sont autorisés, même en cas de récidive, à réduire l'emprisonnement même au-dessous de six jours, et l'amende même au-dessous de seize francs ; ils peuvent aussi prononcer séparément l'une ou l'autre de ces peines, et même substituer l'amende à l'emprisonnement, sans qu'en aucun cas elle puisse être au-dessous des peines de simple police. (*Code pénal, art.* 463 ; *décret du* 27 *nov.* 1870.)

Le défendeur est assigné devant le tribunal de son domicile ; s'il n'a pas de domicile, devant le tribunal de sa résidence ; s'il y a plusieurs défendeurs, l'action est introduite devant le tribunal du domicile de l'un d'eux, au choix du demandeur. (*Code de procédure civile, art.* 59.)

La contrefaçon étant un délit, le demandeur a le droit d'opter entre la juridiction civile et la juridiction correctionnelle. Lorsque l'affaire est portée devant le tribunal correctionnel, le ministère public peut exercer en même temps l'action publique.

L'action publique et l'action civile se prescrivent après dix années révolues, à compter du jour où le délit a été commis, si dans cet intervalle il n'a été fait aucun acte d'instruction ni de poursuite.

S'il a été fait, dans cet intervalle, des actes d'instruction ou de poursuite non suivis de jugement, l'action publique et l'action civile ne se prescrivent qu'après dix années révolues à compter du dernier acte.

La durée de la prescription est réduite à trois années révolues s'il s'agit d'un délit de nature à être puni correctionnellement. (*Code d'instruction criminelle, art.* 637 *et* 638.)

Imprimerie D. Dumoulin et Cⁱᵉ, rue des Grands-Augustins, 5, Paris.

IMPRIMERIE D. DUMOULIN ET Cⁱᵉ

Rue des Grands-Augustins, 5, à Paris